# 前 言

在课堂教学和到企业实践的过程中，编者发现学生的电子商务美工这一技能跟企业所要求的技能相脱节。市面上已出版的美工类教材都是传统的Photoshop软件工具书，都是以软件为核心来介绍其功能，没有严密的课堂逻辑，不符合科学的教学思路。在此背景下，编者编写了这本教材，以让教学与岗位技能同步。

《商品美工实训》是一本岗位项目实训教材，根据电子商务公司美工部门的岗位设置和技能要求整合课程内容，立足于美工人员的职业发展实际，将课程岗位化、项目化。

本书提取了从抠图员、修图员、设计师助理到设计师、设计部主管这几个岗位发展阶段的典型案例和技术要求，通过任务真实地反映了美工部门的工作情况，让职业院校的学生能更好地适应工作，使学生学的有用、学的能用、学的适用，从而促进电子商务专业学生就业率的提升。

全书共分五个项目：初入公司——小小抠图员、小有成就——修图员、积累经验——设计师助理、厚积薄发——设计师、功成名就——设计部主管。每个项目都针对相应的岗位要求设置学习内容。

本课建议学时为 64 学时，具体见下表：

| 项目 | 项目名称 | 任务 | 学时 |
| --- | --- | --- | --- |
| 1 | 初入公司<br>——小小抠图员 | 简单商品抠图技巧 | 2 |
| | | 金属商品抠图技巧 | 2 |
| | | 透明玻璃商品抠图合成技巧 | 3 |
| | | 精细商品抠图合成技巧 | 3 |
| | | 模特人物发丝抠图合成技巧 | 3 |
| 2 | 小有成就<br>——修图员 | 偏色商品修正技巧 | 2 |
| | | 商品图片清晰度调整 | 2 |
| | | 商品模特美化 | 3 |
| | | 商品色彩渲染 | 4 |
| 3 | 积累经验<br>——设计师助理 | 海报字设计技巧 | 2 |
| | | 线条文字设计技巧 | 3 |
| | | 水晶字制作技巧 | 3 |
| | | 3D 立体字设计技巧 | 4 |
| 4 | 厚积薄发<br>——设计师 | 办公用品主图设计 | 2 |
| | | 金属贵重商品主图设计 | 2 |
| | | 食品类商品主图设计 | 3 |
| | | 数码产品主图设计 | 2 |
| | | 沐浴套装主图设计 | 3 |
| 5 | 功成名就<br>——设计部主管 | 网页 logo 设计 | 3 |
| | | 店招设计 | 3 |
| | | 海报设计 | 4 |
| | | 网页设计 | 6 |
| 总计 | | | 64 |

感谢杭州影泰创意文化有限公司及设计师吴俊先生对本书的大力支持与指导。

作者

2018 年 8 月

教育部中等职业教育专业技能课立项教材·电子商务

# 商品美工实训

主编◎葛云龙　朱　明

在线答疑　习题资源　PPT课件　微课视频

中国人民大学出版社
·北京·

# 目　录

## 项目三 积累经验——设计师助理

## 项目四 厚积薄发——设计师



## 项目五 功成名就——设计部主管

# 项目一
# 初入公司——小小抠图员

## 项目背景

小哲刚刚从宁海职教中心毕业就应聘进入了宁波云明科技创意文化有限公司，被分配到美工部做抠图员，开始了他的职业生涯。

初入公司，小哲还不知道怎么工作，便向带他的师傅请教，师傅告诉他抠图的工作要求和需要的知识技能。让我们一起来看一下吧。

测试卷（一）

## 工作步骤

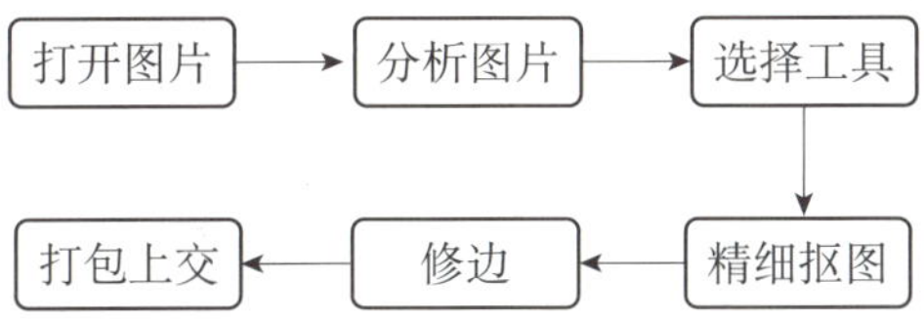


1. 打开商品图片
2. 分析图片类型
3. 选择合适的抠图工具
4. 精细抠图
5. 去毛边杂色
6. 打包给修图员

## 思维导图

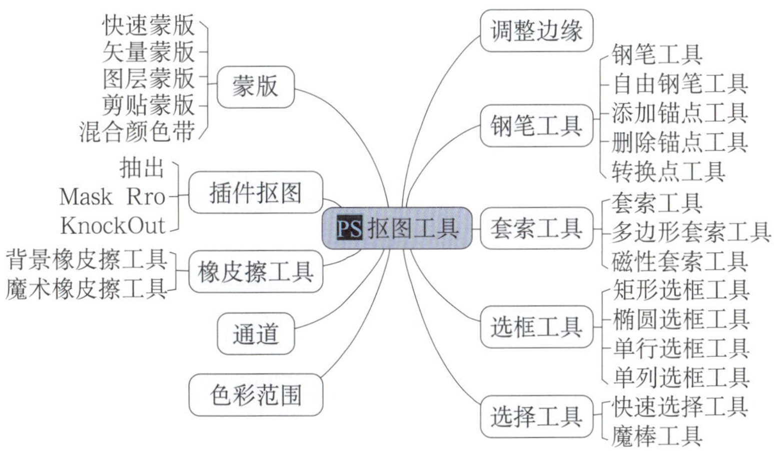

# 任务一 简单商品抠图技巧

## 任务背景

微课视频

修图员将某款婴儿车照片拿给小哲，要求小哲把婴儿车抠出来换成白色背景。让我们一起来动手做一做。

## 任务要求

通过抠图工具将素材图 1-1-1 里的商品抠出，制作效果如图 1-1-2 所示。

图 1-1-1　婴儿车素材图

图 1-1-2　婴儿车效果图

**想一想**

一共有多少种抠图工具？这里我们可以用哪些工具来抠图？

## 任务分析

1. 对素材图进行分析，我们可以知道产品主体颜色和背景颜色相差比较大，轮廓清晰，所以可以使用 ________________。

2. 最后用 __________ 和 __________ 对抠好的商品图片进行修边和调亮。

## 任务实施

（1）启动 Adobe Photoshop CC，打开素材图文件“婴儿车”。

（2）选择快速选择工具，点击图中婴儿车部分形成选区，将婴儿车大致选择出来，然后按住 Alt 键把多余部分从选区中减去，如图 1-1-3 所示。快速选择工具无法完成抠选的地方用多边形套索工具，将图像添加到选区，如图 1-1-4 所示。

（3）对图层进行变换，缩至适当大小，如图 1-1-5、图 1-1-6 所示。新建像素为 700 × 700 的白色图片，如图 1-1-7 所示。将婴儿车移动至新建图片内，调至适当大小。

**想一想**

对图 1-1-3 中的灰色部分还有哪些比较快捷的方法可将其抠出？

图 1-1-3　用快速选择工具将多余部分从选区中减去

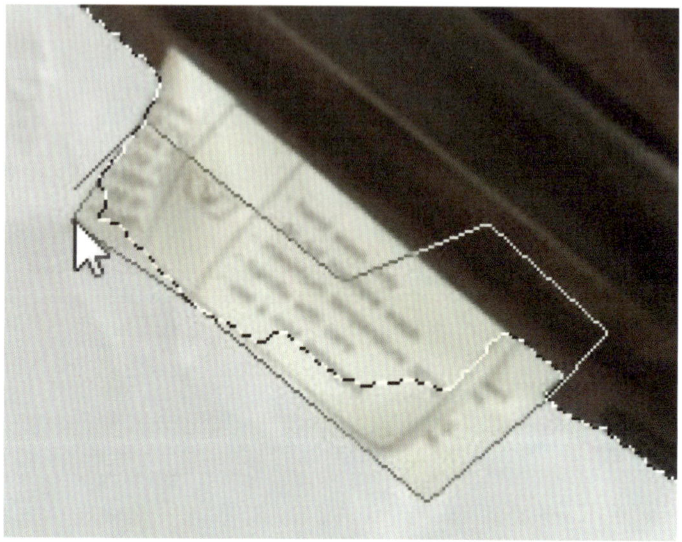

图 1-1-4 多边形套索工具添加选区

**小提示**

合理地搭配使用抠图工具能大大加快抠图的速度。

**职场箴言**

一个企业最看重的不是你有多么优异的技能，而是你的态度。

图 1-1-5 变换商品图片

**想一想**

商品图片抠出来后边缘有毛刺、不平滑，应该怎么处理？

图 1-1-6　调整图片大小

**小提示**

抠图后调整图片大小时，按住 Shift 键可以使图片不变形。

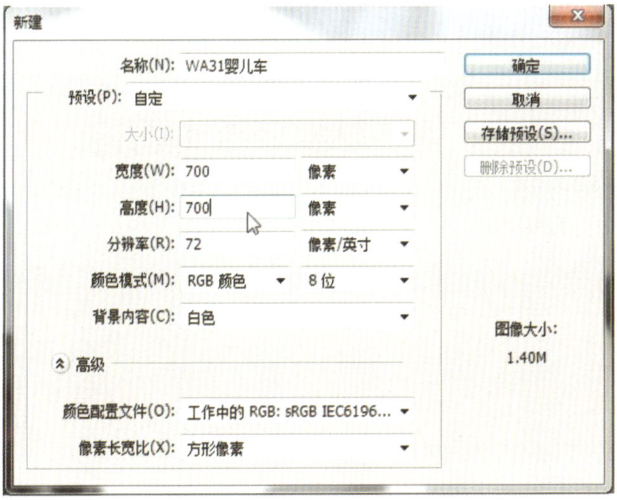


图 1-1-7　新建文档

**小提示**

新建一个文档的快捷键是 Ctrl+N。

（4）点击“选择”菜单栏—“载入选区”，如图 1-1-8 所示。

（5）点击选区工具，找到属性栏的调整边缘按钮 

，点击进入“调整边缘”菜单栏，如图 1-1-9 所示。将数值调成如图 1-1-9 所示的参数，点击“确定”。

**职场箴言**

企业其次看重的是你的忠诚度和学习能力，然后才会考虑你的职业技能水平。

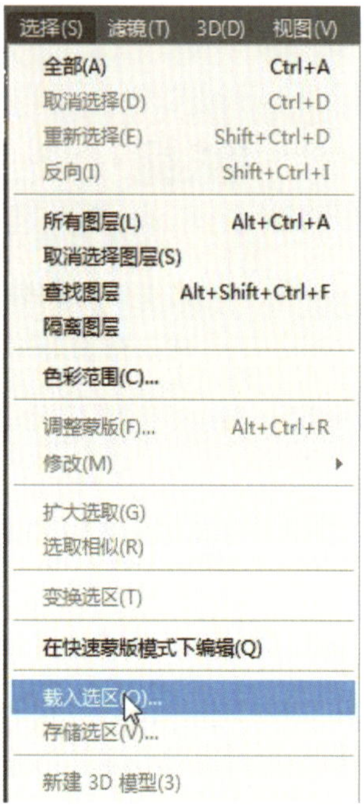


图 1-1-8 载入选区

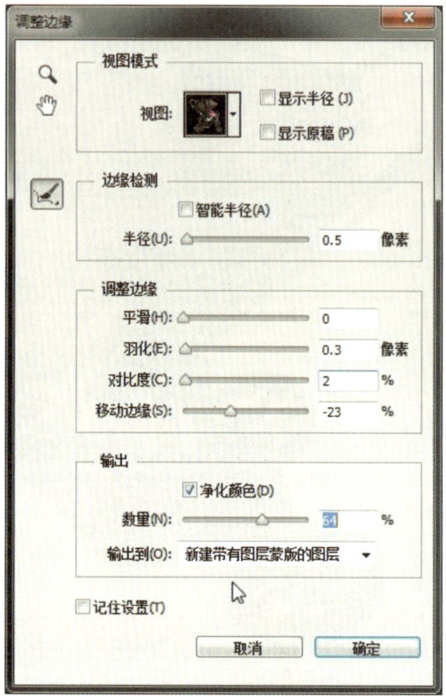


图 1-1-9 调整图层边缘

（6）点击“图像”菜单栏—“调整”—“曲线”，进入曲线调整面板，将直线往上方拖动，将图片调亮，如图 1-1-10 所示。最终效果如图 1-1-2 所示。

**想一想**

调整商品图片的亮度，除了曲线以外还有哪些方法？

**小提示**

记住大多数功能的快捷键，是你成为 PS 高手的必经之路。

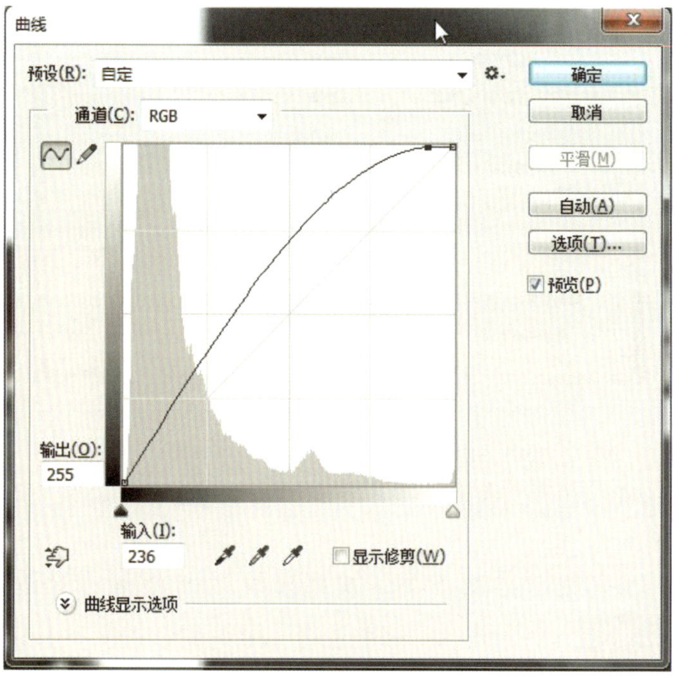


图 1-1-10 曲线调整图片亮度

## 知识储备

1. 熟练使用 Photoshop 的多种抠图工具。
2. 熟练使用调整图片边缘和亮度的方法。

## 任务结语

通过学习，小哲顺利地将商品图片抠出并制作成所要求的效果，掌握了简单商品抠图的工具和技巧，以及商品图片后期调整的方法。

**职场箴言**

我的工作，我的至爱（热爱本职工作）。

无以规矩，不成方圆（遵守规章制度）。

自洁自律，廉洁奉公（注重个人修养）。

**创业之路**

六大网络赚钱项目之一：开个网店卖东西

网络购物已经成为当今主流的购物方式，于是很多人就抓住了网络销售的机遇，现在很多个体户老板、公司职员、在校大学生等都利用自己的业余时间在网上做生意，而且收获颇丰。淘宝、拍拍等大型的交易平台是开店的首选。需要提前准备好货源，没有货源的人也可以帮别人出售货物而从中获得利润。

# 任务二　金属商品抠图技巧

## 任务背景

小哲今天的工作任务是将一款铂金手链图片抠出来，铂金的金属色反光强，与背景相融，颜色相近，抠出来不容易，必须用到更加精细的抠图方法。让我们一起来动手做一做。

**想一想**

商品颜色和背景颜色相近的时候，该用哪个抠图工具？

## 任务要求

通过抠图工具将素材图 1-2-1 里的商品抠出，制作效果如图 1-2-2 所示。

**小提示**

对商品图片进行分析，选择正确的抠图工具，可以提高抠图质量。

图 1-2-1　手链素材图

**职场箴言**

自觉抵制各种精神污染。

不议论客人和同事的私事。

不带个人情绪上班。

图 1-2-2　手链效果图

## 任务分析

对素材图进行分析，我们可以看出铂金手链呈白色和淡灰色，边缘与背景相融，颜色相近，所以不能使用快速选择工具或者魔棒等工具。手链轮廓相对简单，所以这里我们可以使用 ______________ 来抠图。

**想一想**

商品颜色和背景颜色相近的时候，除了用钢笔工具以外还可以用什么工具抠图？

## 任务实施

（1）启动 Adobe Photoshop CC，打开素材图文件“铂金手链”。

（2）选择钢笔工具，沿着手链外围画出路径，如图 1-2-3 所示。

（3）默认钢笔工具状态下，点击“属性”栏里建立“蒙版”选项

，如图 1-2-4 所示。

**小提示**

熟练地应用钢笔工具两种制作路径的方法。

图 1-2-3　画出手链外围路径

图 1-2-4　建立蒙版

（4）选择钢笔工具“属性”—“路径操作”—“减去顶层形状”，如图 1-2-5 所示。用钢笔工具沿手链内侧画出路径，如图 1-2-6 所示。

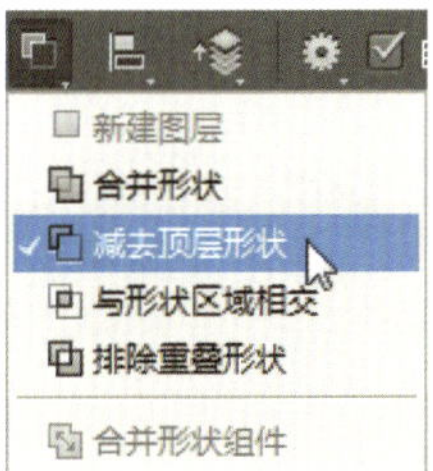


图 1-2-5　选择“减去顶层形状”

图 1-2-6　将内侧抠出

**职场箴言**

集体利益高于一切。

组织纪律观，时刻在心间。

团结协作，友爱互助，爱护公共财产，做一名主人翁。

（5）将内侧不属于手链的部分用钢笔选出，用画笔擦出阴影效果，如图 1-2-7 所示。最终效果如图 1-2-2 所示。

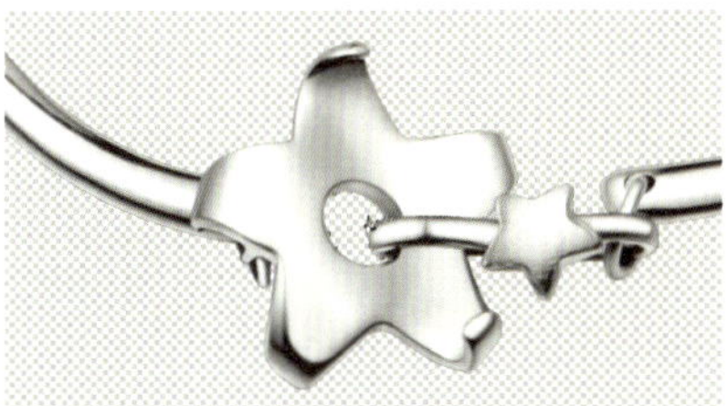

图 1-2-7　画笔擦出阴影效果

**想一想**

制作商品的阴影效果，除了可以用画笔擦出来以外，还可以用什么方法？

## 知识储备

掌握钢笔工具和蒙版的应用。

## 任务结语

通过学习，小哲顺利地将商品图片抠出并制作成所要求的效果，掌握了金属商品抠图工具使用技巧。

**职场箴言**

集体主义是职业道德的基本原则，员工必须以集体主义为根本原则，正确处理个人利益、他人利益、班组利益、部门利益和公司利益的关系。

**创业之路**

### 六大网络赚钱项目之二：上网做威客

上网做威客有两种赚钱方式：一种是承接任务赚钱，另一种是做营销伙伴赚钱。承接任务赚钱需要靠真本事，需要具有设计、程序、策划等方面的专长。笔者半年前开始在一个叫“任务中国”的网站承接策划和编程类任务，其中威客任务中了8个标，招标任务中了3个标，快速任务被雇主邀请了2次，合计赚了9 000多元钱。

**想一想**

在抠图时，用什么方法可以使抠出来的图片没有毛刺？

# 任务三 透明玻璃商品抠图合成技巧

## 任务背景

公司接到某品牌香水商品拍摄处理业务，现在需要小哲把香水瓶图片抠出来与相应的背景素材合成，并制作出透明瓶身的效果。让我们一起来动手做一做。

## 任务要求

利用抠图工具将素材图1-3-1中的香水瓶抠出，利用蒙版工具制作出局部透明的效果，并与背景融合，制作效果如图1-3-2所示。

图 1-3-1　香水瓶素材图

**想一想**

合成抠图时，利用哪些抠图工具可以使图片更加协调？

图 1-3-2　香水瓶合成效果图

## 任务分析

对商品图片进行分析，可以发现商品以灰色调为主，有的部分反光为白色，背景为白色，所以用快速选择工具或者魔棒工具会有点困难。因为商品轮廓清晰、简单，所以我们的最佳选择是＿＿＿＿＿＿＿＿。要将瓶身制作成透明的效果，利用通道建立瓶身高光选区，调整透明度，使香水瓶融入背景图。

## 任务实施

（1）启动 Adobe Photoshop CC，打开素材文件“香水瓶”。

（2）选择钢笔工具，沿着香水瓶外围画出路径，如图 1-3-3 所示。

图 1-3-3 钢笔工具描出路径

（3）按 Ctrl+Enter 将香水瓶转化为新选区，用移动工具将其移动至背景图片，按 Ctrl+T 变换选区，按住 Shift 调整至合适大小，将图层重命名为“瓶身”，如图 1-3-4 所示。

图 1-3-4 将香水瓶移动至背景图

**小提示**

按住 Ctrl+T 时变换选区的位置不要移动，这样能使图片更加有质感。

**职场箴言**

智者不认为自己比别人聪明，只有愚者才把自己的判断看成万无一失。

（4）用钢笔工具抠出不透明的部分（瓶盖金属部分），按 Ctrl+J 复制一层，将图层名字重命名为“瓶盖”，如图 1-3-5 所示。

（5）用选区工具选出瓶身中商标的部分，如图 1-3-6，按 Ctrl+J 或者选择“图层”菜单栏中的“通过拷贝的图层”，如图 1-3-7 所示。选择该图层，关闭其他图层的视图，如图 1-3-8 所示，将该图层重命名为“文字”。

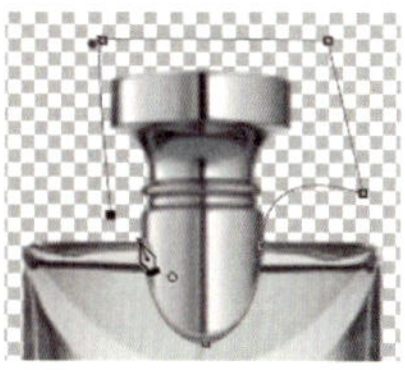

图 1-3-5 瓶盖抠图

图 1-3-6 商标抠图

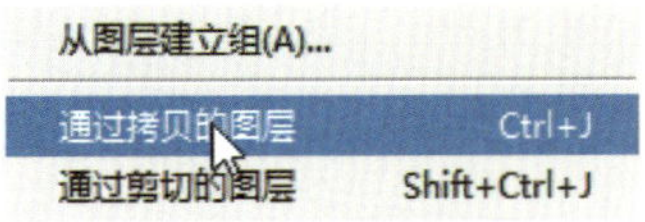


图 1-3-7　拷贝图层

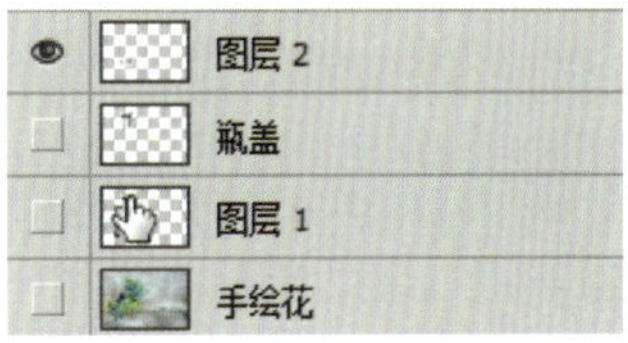


图 1-3-8　关闭视图

（6）点击“选择”菜单栏—“色彩范围”，如图 1-3-9 所示。进入“色彩范围”调整面板，如图 1-3-10 所示。在“选择”属性下拉栏里选择“取样颜色”，到“文字”图层中吸取背景颜色，如图 1-3-11 所示。然后在面板中调整“颜色容差”的数值，在缩略图中得到明显的轮廓，点击“确定”，得到背景的选区，按 Delete 键删除背景，得到文字，如图 1-3-12 所示。

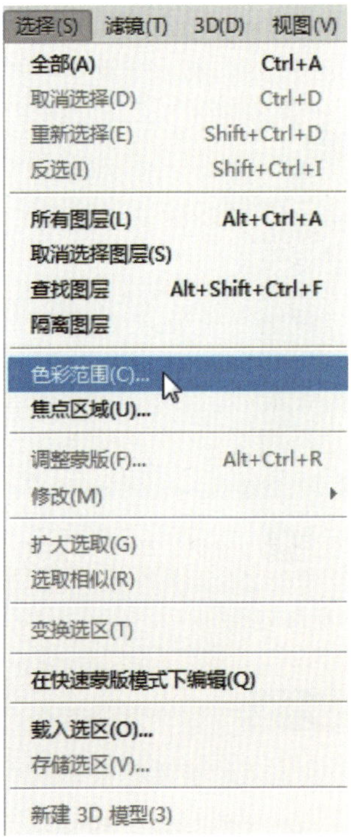


图 1-3-9　选择色彩范围

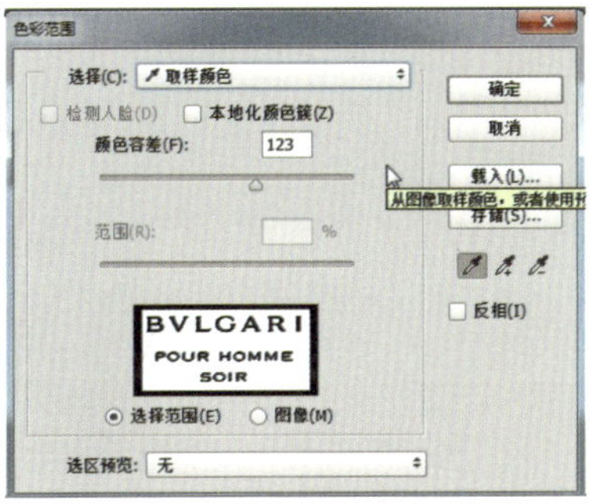


图 1-3-10　色彩范围调整面板

图 1-3-11　吸取背景颜色

**职场箴言**

人们喜爱花，因为它无私地为美化人间而盛开；人们赞美花，因为它无畏地为人间丰收而自落。

图 1-3-12　文字抠出效果

（7）将“瓶身”图层按 Ctrl+J 复制一层，将图层重命名为“瓶身反光”，如图 1-3-13 所示。关闭“瓶身反光”图层视图，选择“瓶身”图层，点击“混合模式”选择“正片叠底”，如图 1-3-14 所示，效果如图 1-3-15 所示。

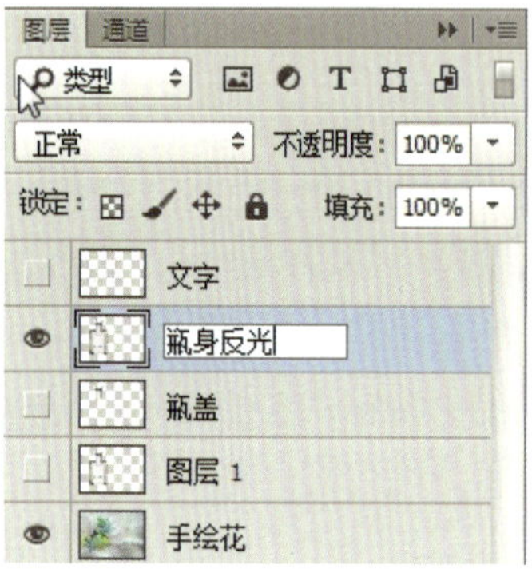


图 1-3-13　图层重命名

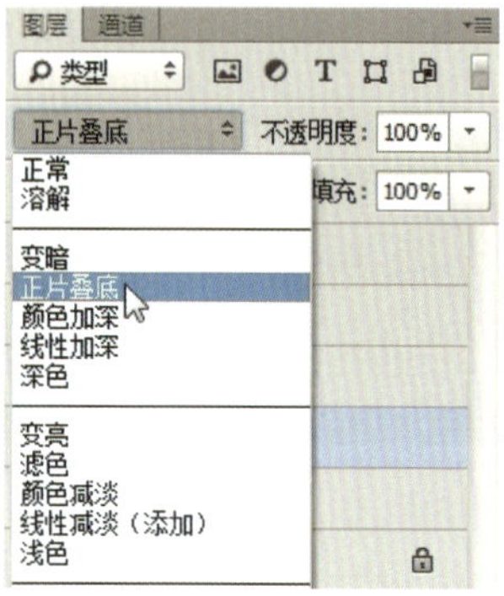


图 1-3-14　正片叠底

**职场箴言**

最珍贵的财富是时间，最大的浪费是虚度流年。

图 1-3-15　正片叠底效果

（8）点击“瓶身反光”图层视图，关闭其他图层视图，选择“通道”面板，按 Ctrl+ 鼠标左击“RGB”载入选区，如图 1-3-16。回到图层面板，对“瓶身反光”图层添加蒙版，如图 1-3-17，将图层的不透明度设为 84%，如图 1-3-18 和图 1-3-19。

**想一想**

在制作蒙版的时候，怎么擦才能有最好的效果？

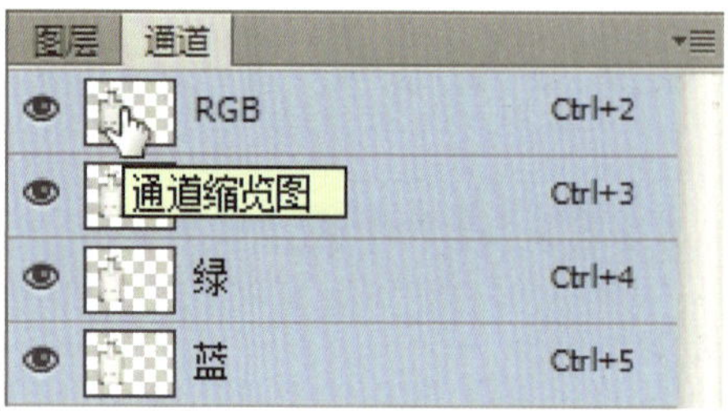


图 1-3-16　通道载入选区

**小提示**

在制作蒙版的时候，用不同大小的画笔、橡皮等制作工具来擦。

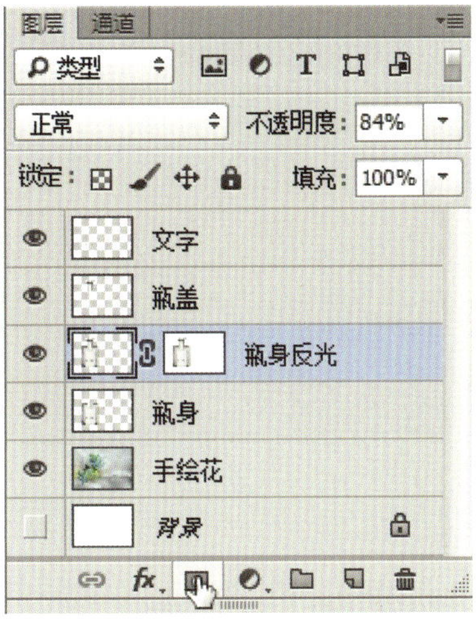

图 1-3-17　图层添加蒙版

图 1-3-18　调整不透明度

图 1-3-19　瓶身透明度

（9）将其他图层视图点亮，最终效果如图 1-3-2。

**想一想**

在做透明反光的时候用什么工具?

**职场箴言**

没有意志的人，一切都感到困难；没有头脑的人，一切都感到简单。

**小提示**

在制作瓶身透明反光效果的时候，通透的效果要明显。

## 知识储备

1. 了解蒙版工具的功能原理。
2. 掌握通道抠图的使用技巧。

## 任务结语

通过学习，小哲顺利地将商品图片抠出并制作成所要求的效果，掌握了透明玻璃商品的抠图和合成技巧，以及商品图片后期透明处理的方法。

## 创业之路

### 六大网络赚钱项目之三：建自己的个人网站

建一个属于自己的个人网站，不仅可以过一把做站长的瘾，还可以在网站有一定流量后靠投放广告等赚钱，是在业余时间获取收入的途径。做个人网站确实可以赚钱，但需具备一定的互联网经验才能建立个人网站。

# 任务四 精细商品抠图合成技巧

## 任务背景

公司接到某玩具公司的玩偶商品拍摄处理业务，其中有一只小狮子公仔，要求小哲抠出商品，并制作成一个产品图片。让我们一起来动手做一做吧。

## 任务要求

利用抠图技巧将素材图 1-4-1 中的小狮子公仔抠出，与背景素材图 1-4-2 进行组合，并添加文字效果，效果如图 1-4-3 所示。

**想一想**

当毛线玩具的毛发颜色与背景色相近时，该怎样抠出？

**小提示**

熟练地掌握阴影效果的制作方法，会给商品带来更逼真、更立体的效果。

图 1-4-1 小狮子公仔素材图

图 1-4-2 背景素材图

图 1-4-3　效果图

## 任务分析

对商品图片进行分析，可以发现公仔颜色多样，轮廓比较复杂：身体部分轮廓清晰，我们可以用工具直接选取；头部有很多棕色毛发，轮廓不清晰，不容易选区，但是毛发的颜色和背景色有些区别，所以我们考虑尝试用抠图的技巧，将头部毛发抠出来，再与身体部分进行结合。通过选区建立蒙版对毛发边缘的杂色进行调整，得到清晰的毛发抠出效果。通过后期处理得到最终效果图。

## 任务实施

（1）启动 Adobe Photoshop CC，打开素材文件“小狮子公仔”。

（2）利用快速选择工具将公仔身体部分选取，如图 1-4-4 所示。右击选择“通过拷贝的图层”，如图 1-4-5 所示。将图层进行命名，如图 1-4-6 所示。

图 1-4-4　快速选择工具选取

**小提示**

用 Ctrl+J 创建通过拷贝的图层。

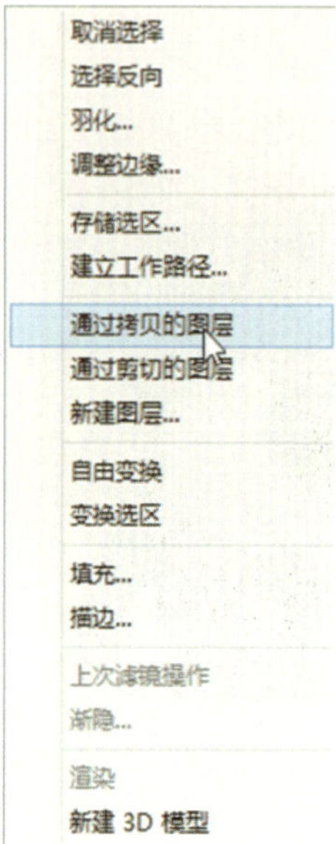


图 1-4-5　通过拷贝的图层

图 1-4-6　图层命名

（3）选择背景图层，点击“通道”面板，如图 1-4-7 所示。查看三个通道中图片颜色对比最强的一个通道，选择蓝色通道，如图 1-4-8 所示。右击选择复制通道，对复制的通道进行制作，如图 1-4-9 所示。

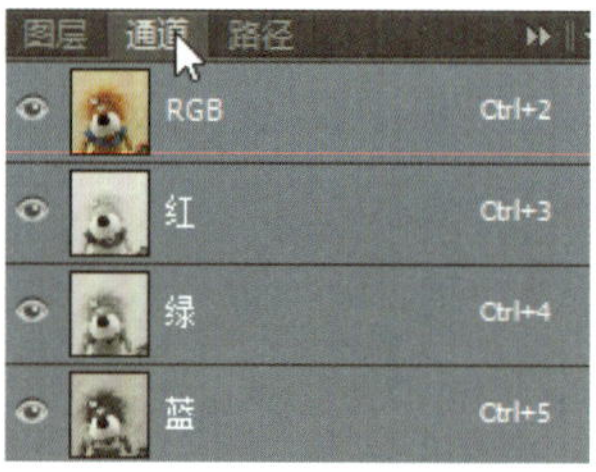


图 1-4-7　选择通道面板

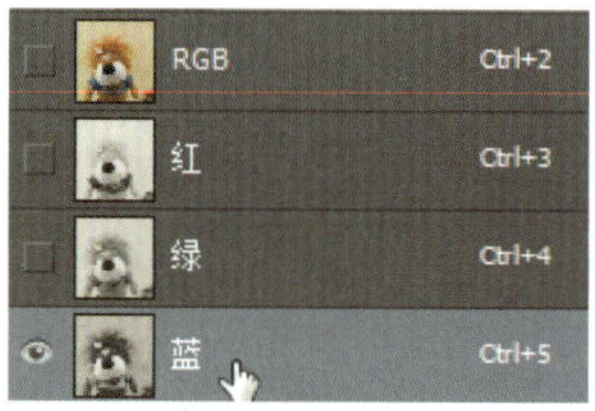


图 1-4-8　选择蓝色通道

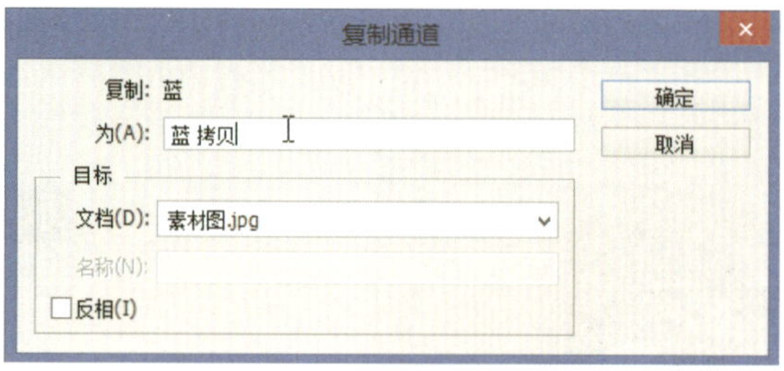


图 1-4-9　复制蓝色通道

（4）按 Ctrl+I 调出“色阶”面板，调整“输入色阶”中的黑场、灰场、白场滑块，数值如图 1-4-10 所示，效果如图 1-4-11 所示。按 Ctrl+M 调出“曲线”面板，拖动直方图中的曲线，如图 1-4-12 所示，效果如图 1-4-13 所示。

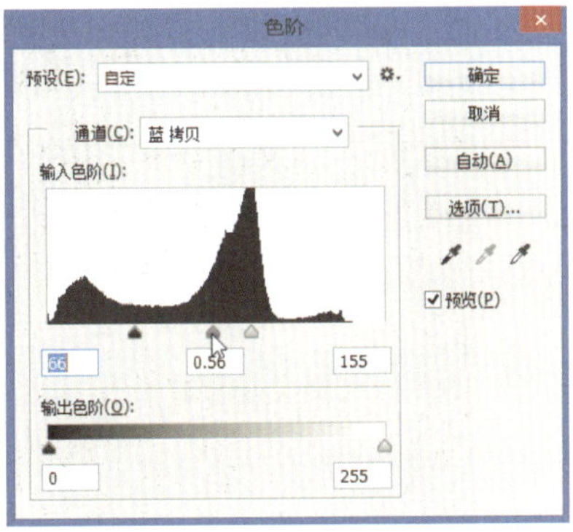


图 1-4-10　　色阶命令

图 1-4-11　色阶命令后的效果图

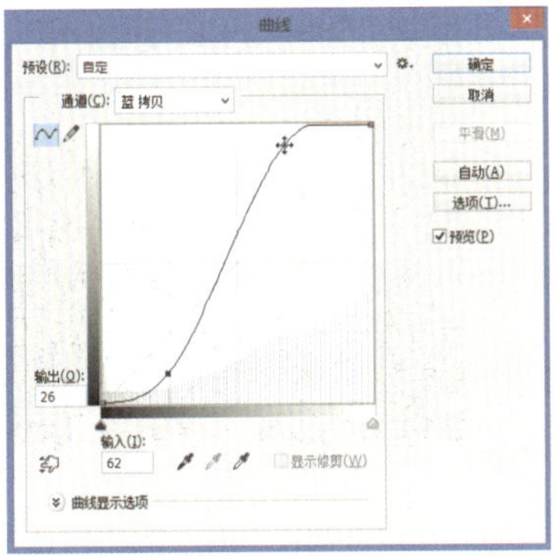


图 1-4-12　曲线命令

图 1-4-13　曲线命令后效果图

（5）用画笔工具将前景色选取为白色，把图片中不需保留的部分尽可能擦成白色，如图 1–4–14 所示。将前景色选取为黑色，把图片中需保留的白色部分擦黑，如图 1–4–15 所示。

图 1-4-14　白色画笔擦去背景

图 1-4-15　黑色画笔擦出保留部分

**想一想**

通过通道抠图建立了蒙版，但是毛发的边缘还是不太理想，该怎么办？

（6）将制作完成的通道载入选区，选择载入选区，如图 1–4–16 所示。在选区的状态下点击原色通道，回到“图层”面板，如图 1–4–17 所示。点击下方的“添加图层蒙版”，如图 1–4–18 所示，效果如图 1–4–19 所示。

图 1-4-16　载入选区

图 1-4-17　图层面板

图 1-4-18　添加图层蒙版

图 1-4-19　抠图效果

（7）右击图层蒙版缩略图，选择“调整蒙版”命令，如图 1-4-20 所示，调整数值如图 1-4-21 所示，效果如图 1-4-22 所示。

（8）按 Ctrl+N 新建宽度为 900 像素、高度为 600 像素的文档。选择渐变工具，点击“渐变编辑器”，修改渐变条颜色，如图 1-4-23 所示，选择反向

和径向渐变，在文档右侧选择中心位置向左侧拉渐变，如图 1-4-24 所示。

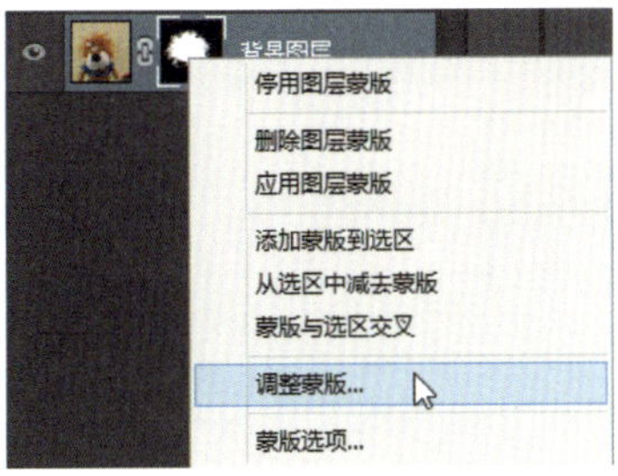


图 1-4-20　调整蒙版

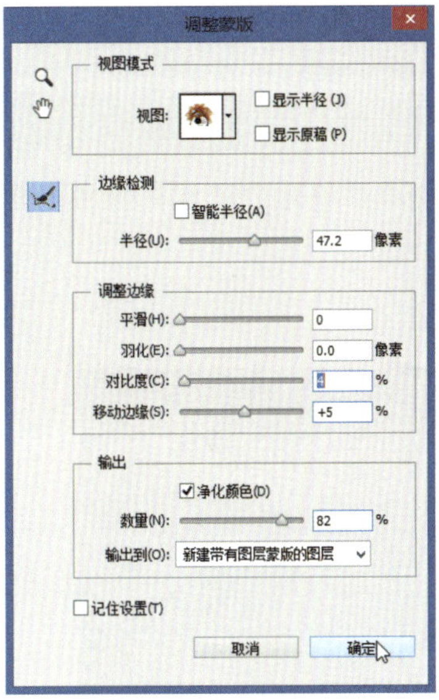


图 1-4-21　调整蒙版数值

图 1-4-22　效果图

图 1-4-23　渐变编辑器

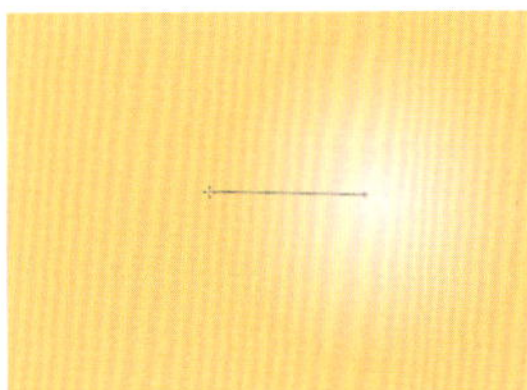

图 1-4-24　径向渐变

（9）将抠出的小狮子公仔拖动至新建文档内，打开素材文件“素材 1 小车子”，移动到新建文档，添加文字，如图 1-4-25 所示。

（10）给文字层添加描边和阴影效果，数值如图 1-4-26 和图 1-4-27 所示。用钢笔画出三角形，填充棕色，调整至理想状态，将各素材图层进行合理排版。最终效果如图 1-4-3 所示。

图 1-4-25　图片合成

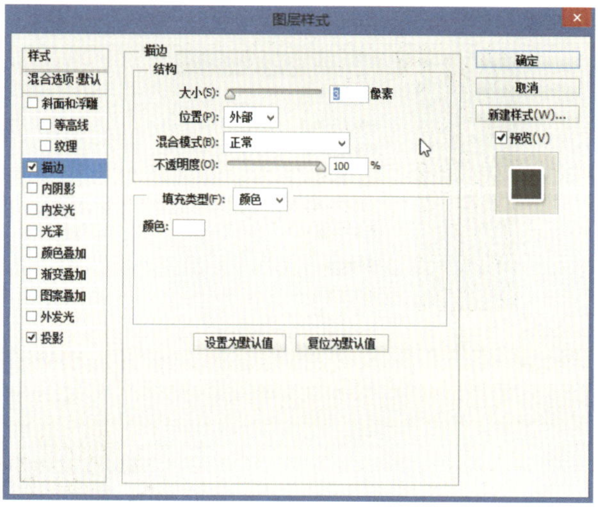


图 1-4-26　图层样式描边效果

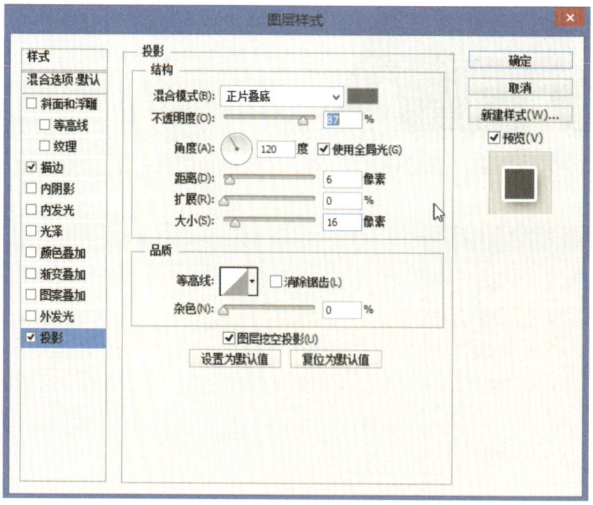


图 1-4-27　图层样式投影效果

**想一想**

毛发的边缘还是不太理想，该怎么办？抠图的合成应该用什么工具？

## 知识储备

1. 掌握通道抠图的原理和技巧。
2. 掌握图层蒙版的使用技巧。

## 任务结语

通过学习，小哲已经掌握了通道抠图的原理和技巧，以及调整蒙版的方法，成功地将小狮子公仔抠出并制作成理想的效果。大家有没有实现效果呢？

**职场箴言**

决心攀登高峰的人，总能找到道路。

### 创业之路

**六大网络赚钱项目之四：申请做版主**

去一些大论坛申请做版主，待遇虽不高但比较稳定，不同的网站支付给版主的待遇是不一样的。做版主首先要有兴趣，而且每天必须有固定的时间去管理论坛。对于有大量时间的朋友，申请做版主可以获得一些收入。

# 任务五　模特人物发丝抠图合成技巧

## 任务背景

公司接到某化妆品公司的系列产品拍摄处理业务，小哲分到了洗发水抠图制作的任务。为了体现洗发水的效果，小哲找了一张发模的照片和洗发水图片结合。让我们一起来动手做一做吧。

微课视频

## 任务要求

利用抠图技巧将发模（如图 1-5-1 所示）、洗发水（如图 1-5-2 所示）和品牌 logo（如图 1-5-3 所示）抠出来，和背景图结合，添加文字，制作出简单的广告图，最终效果如图 1-5-4 所示。

图 1-5-1　发模

> **小提示**
>
> 在抠图时应尽量使头发丝保持完整。

图 1-5-2　洗发水

图 1-5-3　品牌 logo

图 1-5-4　洗发水广告效果图

## 任务分析

对图片进行分析，洗发水图片背景为全白，和商品主体颜色相差较大，所以我们这里用__________将洗发水抠出。发模图片的背景颜色跟发模的头发颜色相差较明显，发模身体边缘光滑，可以用__________工具直接选取，头发部分细节多，不能用快速选择工具或者钢笔工具，我们只能用__________工具来制作选区进行抠图。

## 任务实施

（1）启动 Adobe Photoshop CC，打开素材文件“发模”。

（2）用快速选择工具将头发部分选择出来，如图 1-5-5 所示。点击“调整边缘”按钮，调出“调整边缘”菜单，在“视图模式”中将“视图”选为“黑底”，如图 1-5-6 所示。在“边缘检测”中将半径调整为 70.1 像素，在“调整边缘”中将“移动边缘”数值设为 −18%，如图 1-5-7

> **想一想**
>
> 调整边缘时怎样才不会出现毛边？

所示。原图的发丝处理后效果如图 1-5-8 所示。

图 1-5-5　快速选择工具选取头发部分

**职场箴言**

聪明人把希望寄托在事业上，糊涂人把希望寄托在幻想上。

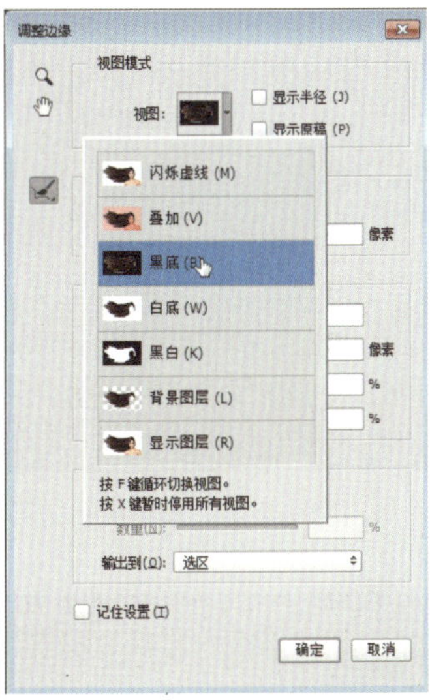


图 1-5-6　调整边缘视图模式

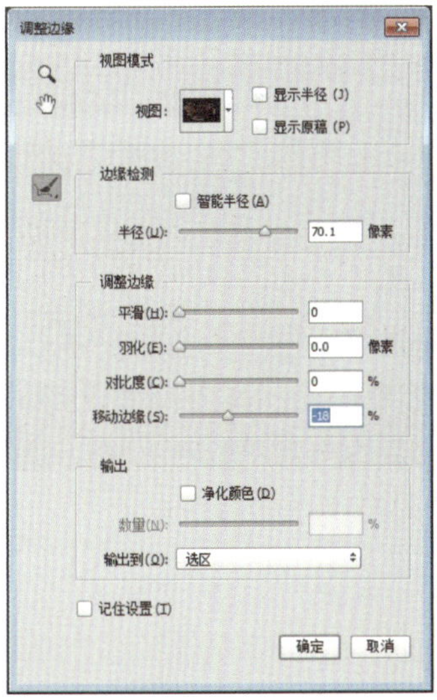


图 1-5-7　调整边缘半径、移动边缘

图 1-5-8　半径和移动边缘效果

（3）在“调整边缘”菜单中选择左上角“调整半径工具”，如图 1-5-9 所示，将发丝之间白色背景色进行擦除，如图 1-5-10 所示，效果如图 1-5-11 所示。勾选“输出”中的“净化颜色”，将数值设为 69%，效果如图 1-5-12 所示。

**职场箴言**

智慧是知识凝结的宝石，文化是智慧发出的异彩。

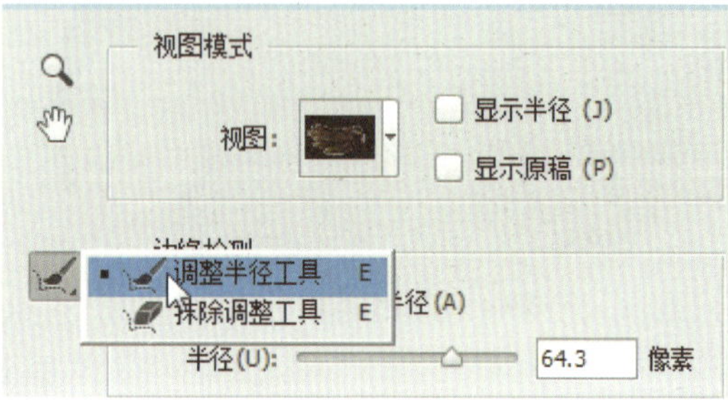


图 1-5-9 调整半径工具

图 1-5-10 擦除背景色

图 1-5-11 调整半径工具擦除后效果

**想一想**

除了抹除调整工具，还有什么其他的方法？

图 1-5-12 净化颜色效果

**小提示**

要控制抹除调整工具的半径大小，否则会损坏图片。

（4）选择“抹除调整工具”，如图 1-5-13 所示，将头部边缘被电脑识别过多的地方进行恢复，如图 1-5-14 所示。再用“调整半径工具”，将画笔调小，修复头部发丝边缘，识别出一些发丝来，如图 1-5-15 所示。

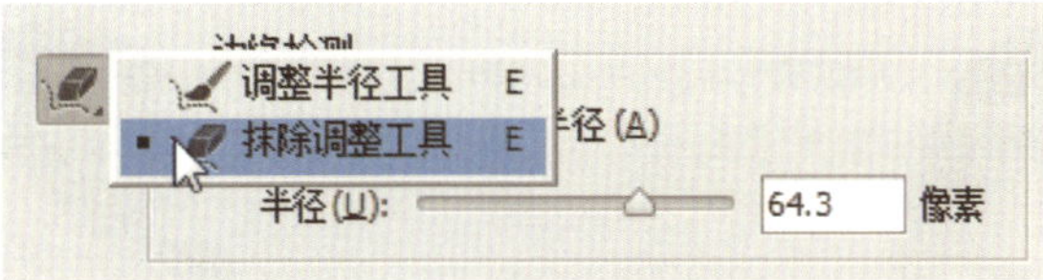


图 1-5-13　抹除调整工具

图 1-5-14　抹除边缘

图 1-5-15　调整发丝

**职场箴言**

宁可花一天好好思考，不要用一周蛮干徒劳。

会挑水的不怕水荡，会走路的不怕路窄。

（5）在“输出”中选择输出到“新建带有图层蒙版的图层”，如图 1-5-16 所示，点击“确定”，效果如图 1-5-17 所示。

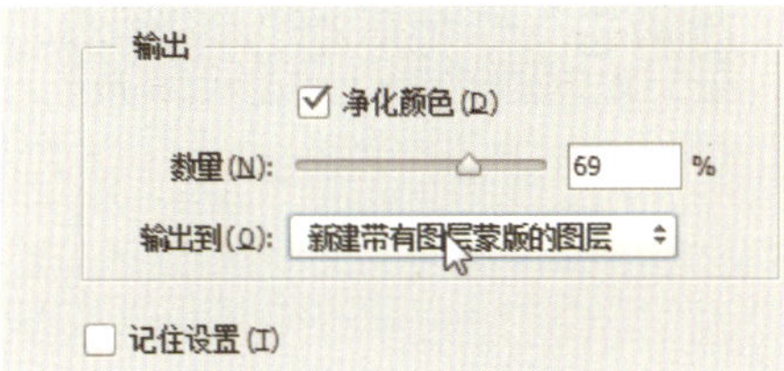


图 1-5-16　输出方式

图 1-5-17　调整边缘抠发丝效果

（6）用快速选择工具在背景图层上将发模的脸部和身体部分选择出来，如图 1-5-18 所示。点击“调整边缘”按钮，对参数进行调整，使边缘光滑无毛边。输出到新建带有图层蒙版的图层，如图 1-5-19 所示。将图层重命名，把脸身体层放在头发层下方，如图 1-5-20 所示。发模抠出效果如图 1-5-21 所示。

图 1-5-18　快速选择工具选取

图 1-5-19　输出图层

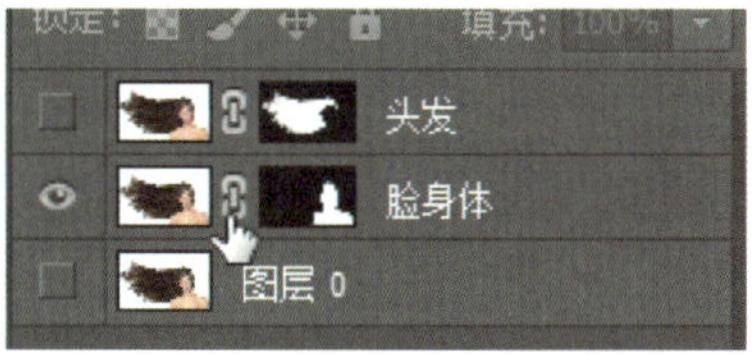


图 1-5-20　图层重命名

图 1-5-21　发模抠出效果

（7）打开素材文件“洗发水”，用魔棒工具将商品抠出，如图 1-5-22 所示。

图 1-5-22　商品抠出效果

（8）打开“背景素材”文件，将抠出的洗发水和发模图层移动至背景图片中，关闭除了发模以外的图层，按 Ctrl+Shift+Alt+E 盖印图层，得到新图层。打开其他视图，关闭原先的两个发模视图，对新盖印的图层选择“混合选项”—“外发光”进行设置，参数如图 1-5-23 和图 1-5-24 所示。

**想一想**

打开商品视图的方法有哪些？

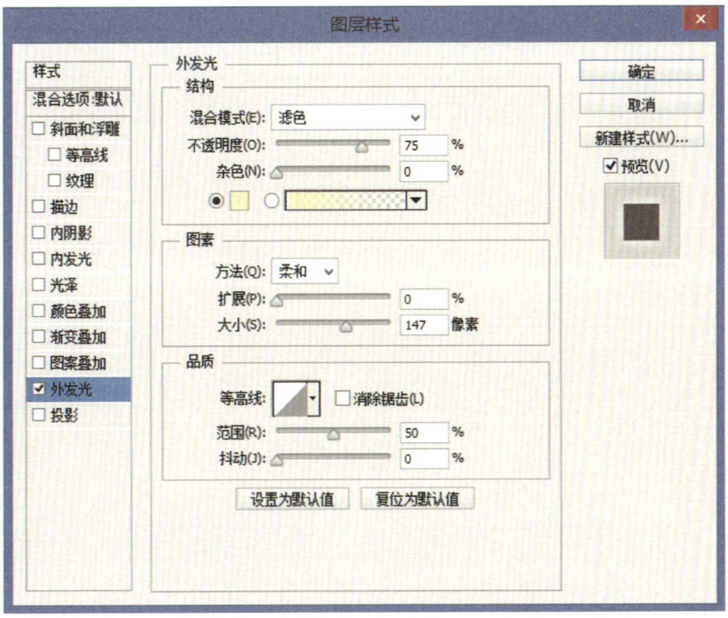


图 1-5-23　洗发水外发光的设置

**小提示**

在制作商品效果时正确使用混合选项有利于商品的美化。

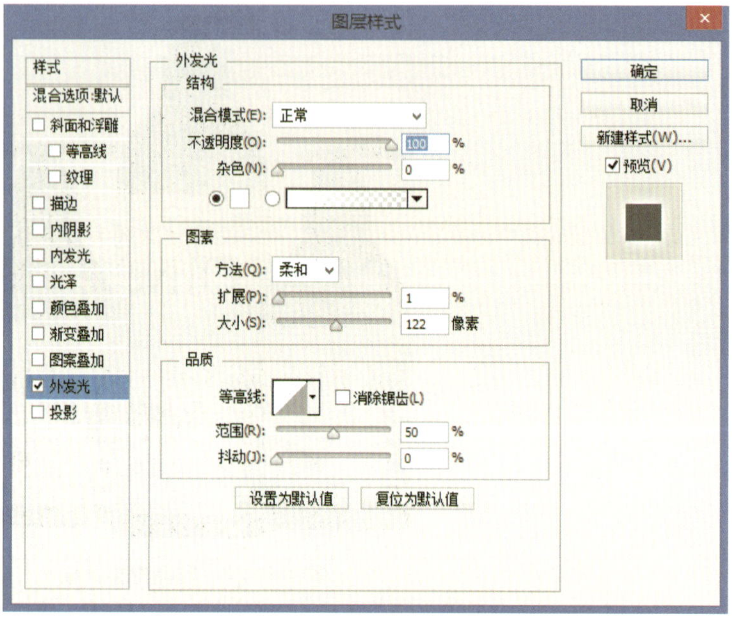


图 1-5-24　发模外发光设置

（9）打开素材文件“Olive_Garden”，用魔棒工具将图片抠出，移动至背景素材中，输入“让您的秀发更柔顺”的广告语并描边，如图 1-5-25 所示。最终效果图如 1-5-4 所示。

**职场箴言**

不怕人不敬，
就怕己不正。
不怕人不请，
就怕艺不精。

图 1-5-25　产品外发光设置

## 知识储备

1. 掌握调整边缘抠发丝技巧。
2. 掌握调整边缘修边方法。

## 任务结语

通过学习，小哲已经掌握了调整边缘抠图的原理和技巧以及去毛边的方法，成功地将发模抠出并制作出理想的效果。大家有没有实现效果呢？

## 创业之路

### 六大网络赚钱项目之五：做“调客”

在外国，很多年前就有以做调查为业的人，上网做调查问卷是一种简单、自由的在家工作方式。做“调客”赚钱需要不断填写问卷、不断累积。通过在网上填写调查问卷赚钱在我国刚兴起，所以笔者建议大家在决定做“调客”之前，一定要慎重地了解网站，不仅要看网站的硬件，还要主动向会员认真咨询。

# 项目二
# 小有成就——修图员

## 项目背景

小哲在抠图员的岗位上经过刻苦学习、认真工作，表现突出，进步非常明显，并且掌握了抠图的多种技巧，公司将他升到了修图员的岗位。

初入新岗位，小哲对修图还不怎么熟悉，便向带他的师傅请教，师傅告诉他修图的工作要求和需要的知识技能。让我们一起来看一下吧。

测试卷（二）

## 工作步骤

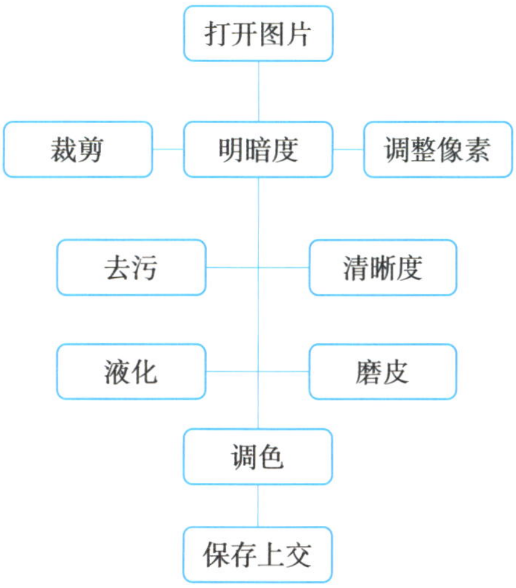


1. 打开商品图片
2. 分析图片，按要求裁剪图片和调整图片像素，适当调整明暗度
3. 对图片的污点进行处理、修补，适当调整清晰度
4. 对模特进行磨皮、液化
5. 对图片整体色彩进行调整，使图片光鲜亮丽
6. 打包给设计师

## 思维导图

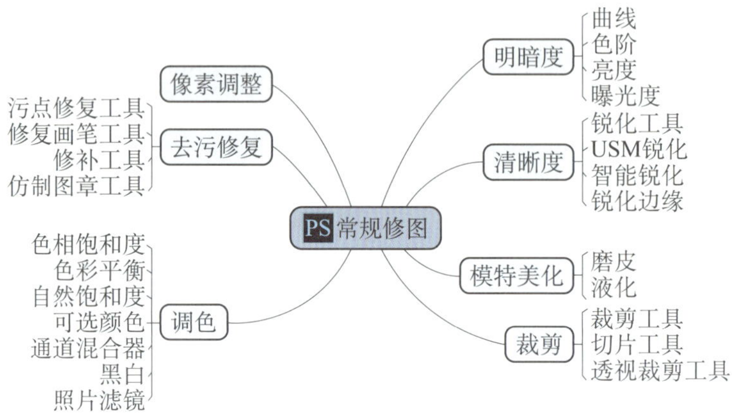


# 任务一 偏色商品修正技巧

## 任务背景

小哲刚从事修图工作不久就碰到了难题，就是要对青苹果商品图片进行处理，使其具有一定的大小、规格、色彩鲜艳度。怎么样才能使偏色的青苹果看起来更加清脆欲滴呢？让我们一起来动手做一做吧。

微课视频

## 任务要求

将青苹果素材图（见图 2-1-1）调整至规定大小，用多种调色工具调节青苹果偏色，制作效果如图 2-1-2 所示。

**想一想**

一共有多少种调色工具？这里我们可以用哪些工具来调色？

图 2-1-1　青苹果素材图

图 2-1-2 青苹果调色后效果图

**职场箴言**

刺耳的话冷静听，
奉承的话警惕听，
反对的话分析听，
批评的话虚心听。

## 任务分析

1. 对商品图片整体构图进行分析，青苹果拍摄角度适当，满足体现苹果主体细节的要求，所以不用进行_________。

2. 对青苹果色彩进行分析，得出青苹果色彩偏灰，光线也有点不足，我们可以通过_________、_________、_________等来调节青苹果的亮度，用_________来调节青苹果的色彩。

## 任务实施

（1）启动 Adobe Photoshop CC，打开素材文件“青苹果”。

（2）调整商品图片亮度。按 Ctrl+M 调出“曲线”面板，将图像提亮，如图 2-1-3 所示。

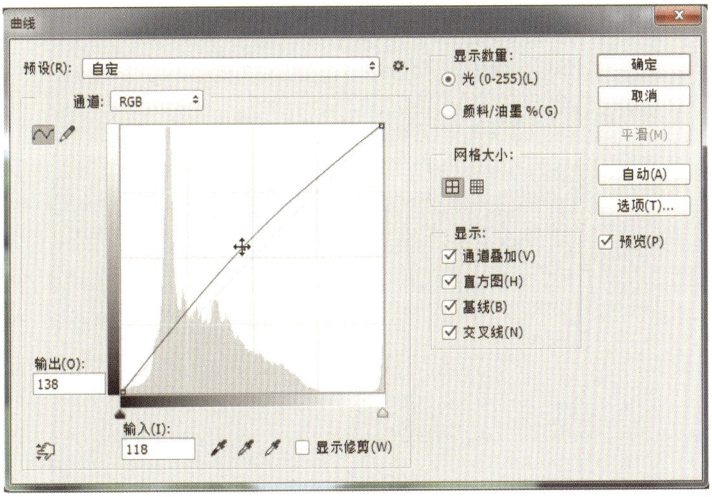


图 2-1-3 曲线调整亮度

（3）创建调整图层。在“图层”面板中单击面板底部的“创建新的填充或调整图层”按钮，在弹出的菜单中，选择“色相 / 饱和度”命令，如图 2-1-4 所示。

**小提示**

打开“色相 / 饱和度”面板的快捷键是 Ctrl+U。

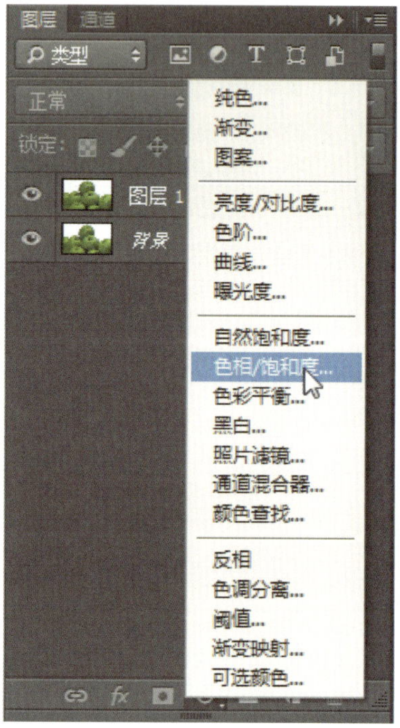


图 2-1-4　创建色相 / 饱和度调整图层

（4）设置“全图”通道参数。在“属性”面板中选择“全图”通道，设置其“饱和度”为 22，如图 2-1-5 所示。

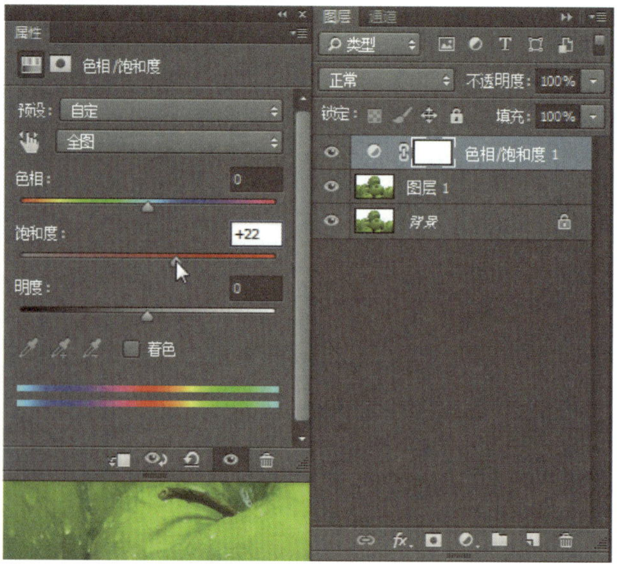


图 2-1-5　全图通道饱和度调整

（5）设置“绿色”通道参数。在“属性”面板中选择“绿色”通道。设置其“饱和度”为35，如图2-1-6所示。

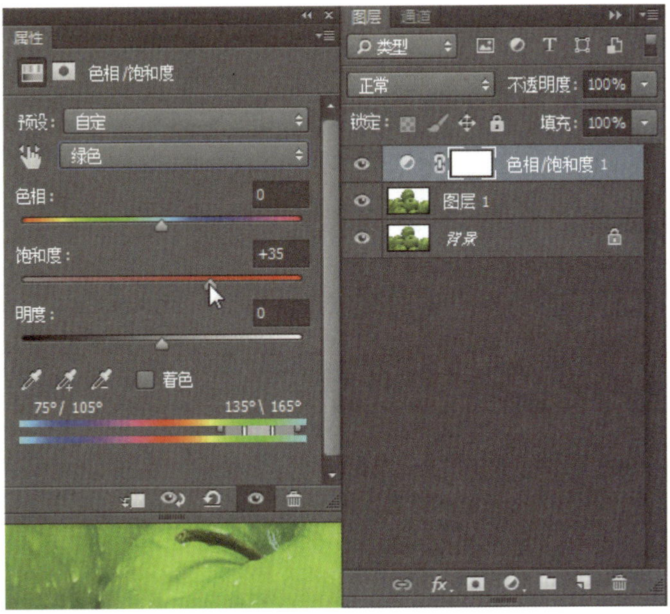


图2-1-6　绿色通道饱和度调整

（6）创建调整图层，调出“色彩平衡”面板。在“图层”面板中单击面板底部的“创建新的填充或调整图层”，在弹出的菜单中，选择“色彩平衡”命令，如图2-1-7所示。

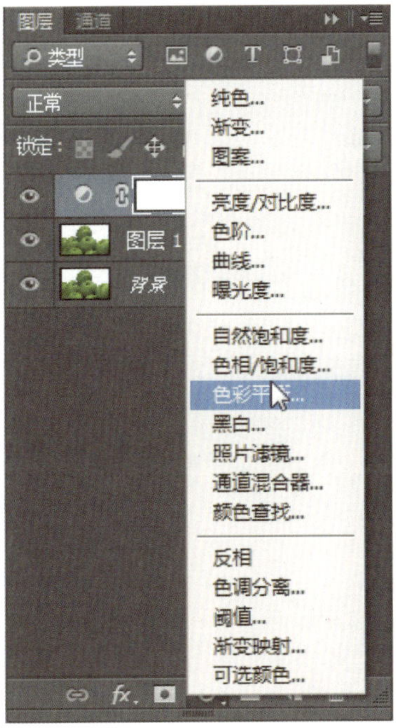


图2-1-7　创建色彩平衡调整图层

**小提示**

打开色彩平衡面板的快捷键是Ctrl+B。

**职场箴言**

想别人如何待你，你就应该如何待人。

（7）设置“中间调”参数。选择“色调”为“中间调”，设置其颜色为偏绿色 10，如图 2-1-8 所示。

**职场箴言**

与其修饰面容，不如修正心灵。

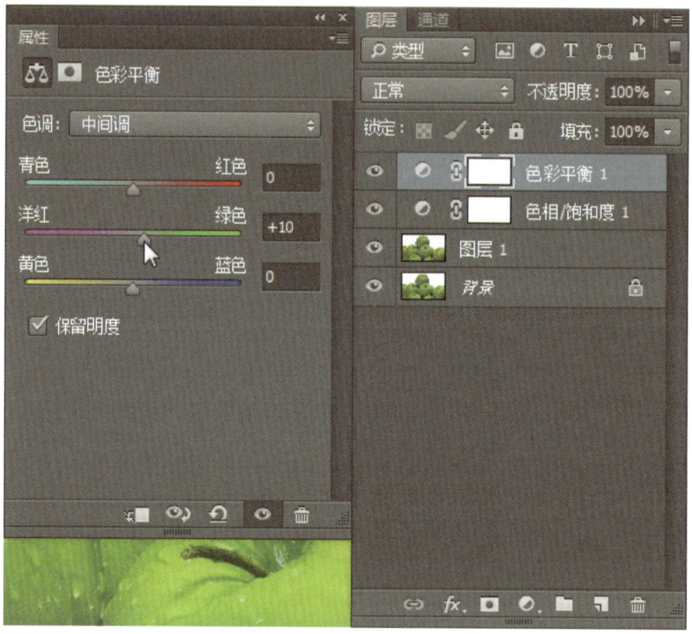


图 2-1-8　中间调绿色调整

（8）设置“高光”参数。选择“色调”为“高光”，设置其颜色为偏绿色 22，如图 2-1-9 所示。最终效果如图 2-1-2 所示。

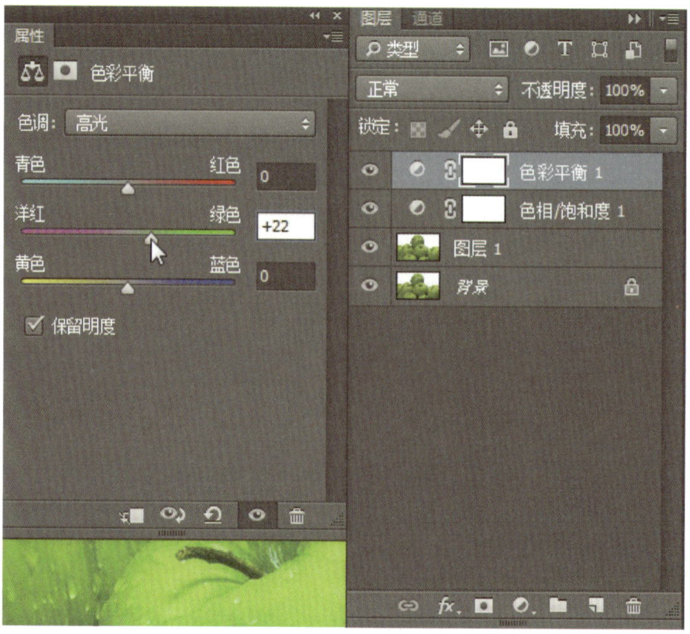


图 2-1-9　高光绿色调整

## 知识储备

1. 熟练掌握曲线调整图像明暗度。
2. 熟练使用色相 / 饱和度和色彩平衡来调整商品偏色。

## 任务结语

通过学习，小哲掌握了商品偏色的调整技巧，能熟练地应用色相 / 饱和度和色彩平衡调整方法，完成了工作任务。

### 创业之路

**六大网络赚钱项目之六：出售游戏中的虚拟物品**

通过出售游戏中的虚拟物品赚钱是部分游戏玩家赚钱的一种方式，目前有上百万这样的网络淘金者。

# 任务二　商品图片清晰度调整

## 任务背景

公司接到了某品牌女装拍摄处理业务，其中有一张衣服布料拍摄的细节图有点不清晰，需要小哲进行处理。但是小哲没有接触过处理模糊照片，于是便请教了他的师傅。现在让我们一起跟小哲来学习吧。

微课视频

## 任务要求

利用修图方法将布料细节图（见图 2-2-1）调整至完美效果（见图 2-2-2）。

**想一想**

调整图片清晰度一共有多少种工具？这里我们可以用哪些工具来调整？

图 2-2-1　布料细节原图

图 2-2-2　布料细节效果图

## 任务分析

1. 对商品图片整体构图进行分析，布料细节突出，所以不用进行________。

2. 布料细节图有一点模糊，我们可以用________进行调整。

3. 对布料细节图色彩和明暗度进行分析，可见图片色彩偏暗，光线有点不足，我们可以通过________、________、________等来调节图片的亮度。

## 任务实施

（1）启动 Adobe Photoshop CC，打开素材文件“布料细节原图”。选择“滤镜”菜单栏—“锐化”子菜单栏—“锐化”，如图 2-2-3 所示。

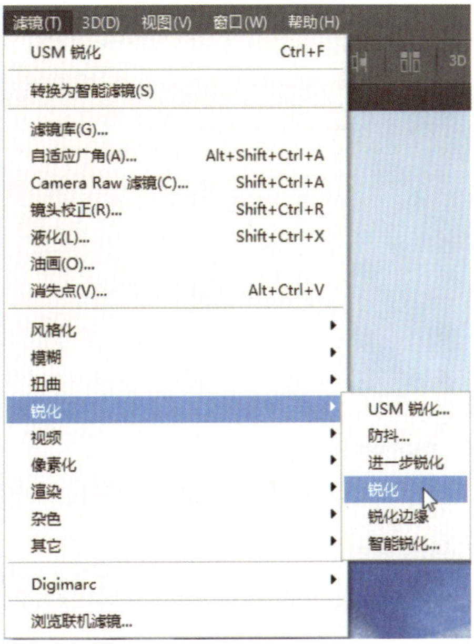


图 2-2-3 锐化滤镜调整清晰度

**想一想**

锐化工具有什么效果?

（2）选择“滤镜”菜单栏—“锐化”子菜单栏—“USM 锐化”，如图 2-2-4 所示。在“USM 锐化”面板中调整数值，如图 2-2-5 所示。

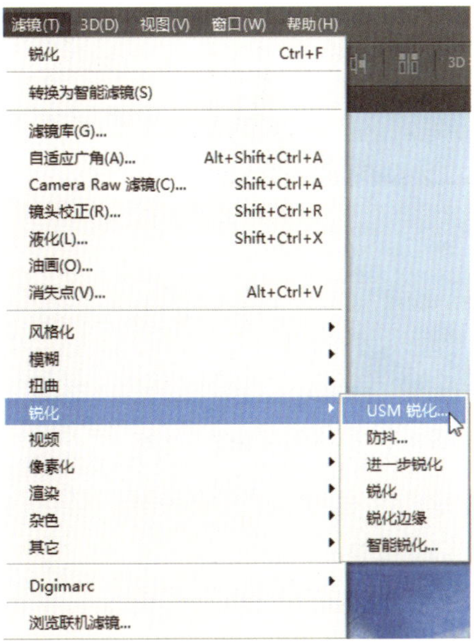


图 2-2-4 USM 锐化滤镜调整清晰度

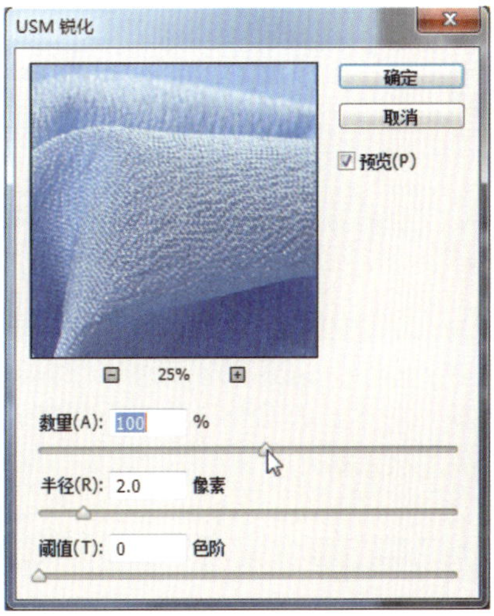


图 2-2-5 USM 锐化面板

（3）按 Ctrl+M 调出“曲线”面板，调整图片对比度，如图 2-2-6 所示。

（4）按 Ctrl+L 调出“色阶”面板，调整图片亮度，如图 2-2-7 所示。最终效果如图 2-2-2 所示。

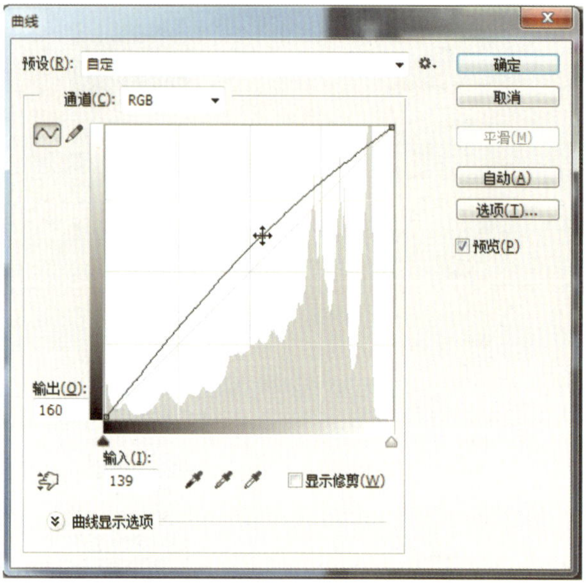


图 2-2-6 曲线调整图片对比度

**想一想**

曲线工具有什么用处？我们经常在什么情况下使用？

**小提示**

我们还可以在“图像”—“调整”中打开曲线和色阶。

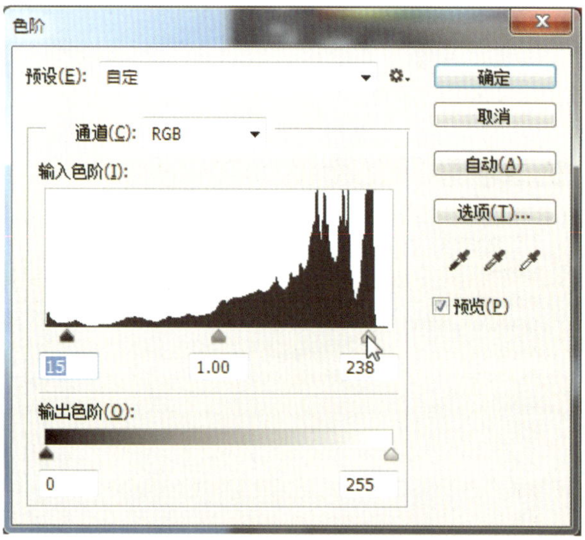


图 2-2-7 色阶调整图片亮度

**职场箴言**

只有努力攀登顶峰的人，才能把顶峰踩在脚下。

## 知识储备

熟练运用锐化滤镜中的多种锐化功能来调整图片清晰度。

## 任务结语

通过学习，小哲掌握了模糊图片的修图技巧，能熟练地应用各种锐化滤镜工具，完成了工作任务。

## 创业之路

### 创业的准备

创业光有热情还不行，没有资金，没有方向，没有经验，就是时机和条件尚未成熟。如果条件不成熟就盲目创业，会导致投入大、产出小；项目选不准，资金被套牢；经营不利，血本无归等后果。因此，需做好创业的准备。

创业准备的三部曲介绍如下：

**第一部曲**

具备以下创业素质，才能投资：

1. 识人能力、管理技能、想象力、口才、毅力、奉献精神、积极的人生观。
2. 独立作业的能力，获取利润的方法。
3. 行业专业知识。

**第二部曲**

评估自己是否适合做老板，具有以下个性特征的人，极不适合当老板：

1. 想到自己当老板要独立管理许多雇员，就会感到紧张和胆怯。
2. 与其花费巨大的人力、物力和心血去创业，宁愿保持现状，一切顺其自然。
3. 认为自己是个很稳重的人，如果对某个生意没有十分的把握，是绝对不会去尝试的。
4. 除非事先有一个周密的计划，否则不会贸然去做一件事。
5. 工作热情来得快、去得也快，因此做事没有恒心，或者常常凭自己的兴趣去工作。

**第三部曲**

对创业计划做出可行性评估：

1. 你真正了解自己所从事的行业吗？你需要调查管理费用、行业标准、竞争优势等因素。
2. 你的方法被证实过吗？有经验的企业家中流行这样一句名言：还没有被实施的好主意往往可能实施不了。
3. 你的想法经得起时间的考验吗？过了一个星期、一个月之后，你的创意还那么令人兴奋吗？或已经有了完全不同的另外一个想法来代替它？
4. 你有没有一个好的关系网络？创办企业的过程，实际上就是一个组织诸如供应商、承包商、咨询专家、雇员的过程。为了找到合适的人选，你应该有一个服务于你的个人关系网。
5. 潜在的回报是什么？创业，最主要的目的就是赚钱，但其中隐含的绝不仅仅是金钱。你还要考虑成就感、爱、价值感等潜在回报。如果没有意识到这一点，那就必须重新考虑你的计划。

# 任务三 商品模特美化

## 任务背景

公司接到了某品牌女装拍摄业务，小哲分到了一项帽子的模特人像修图工作。但是小哲对模特人像修图还从来没接触过，于是便请教了他的师傅，师傅给了他一个滤镜文件DigitalAIRPRO，指导小哲把滤镜文件放置到Photoshop安装目录下的Required文件夹的子文件Plug-Ins内，并教了小哲一些简单的人像美化技巧。现在让我们一起跟小哲来试试修图吧。

## 任务要求

利用修图方法将拍摄的图片（见图2-3-1）调整至完美效果（见图2-3-2）。

图2-3-1 原图

图2-3-2 效果图

## 任务分析

**职场箴言**

把握一个今天，胜似两个明天。

1. 对商品图片整体构图进行分析，模特拍摄角度适当，帽子产品主题突出，所以不用进行________。

2. 查看图片大小，根据宽为710像素的要求，对商品图片进行调整，我们需用到________。

3. 模特皮肤上有斑点，我们需要用________工具进行处理；模特形体不够完美，我们需要用________工具进行调整。

## 任务实施

（1）启动 Adobe Photoshop CC，打开素材文件“原图”。用“污点修复画笔工具”对模特脸部的斑点、痘痘进行修复，如图 2-3-3 所示。

**想一想**

对于斑点和痘痘，我们除了可以选用修复画笔工具以外，还可以选用什么工具进行调整？

图 2-3-3　污点修复画笔工具去斑点

**小提示**

套索工具的快捷键是 L。

（2）用“套索工具”将面部区域选择出来，如图 2-3-4 所示。右击调出“羽化选区”面板，将“羽化半径”改成 50 像素，如图 2-3-5 所示。

图 2-3-4　套索工具建立面部选区

图 2-3-5　羽化选区

（3）选择“滤镜”菜单栏 —“Kodak”—“DIGITAL GEM Airbrush Professional v1.0.1”滤镜，如图 2-3-6 所示。调出磨皮调整面板，调整数值，如图 2-3-7 所示。

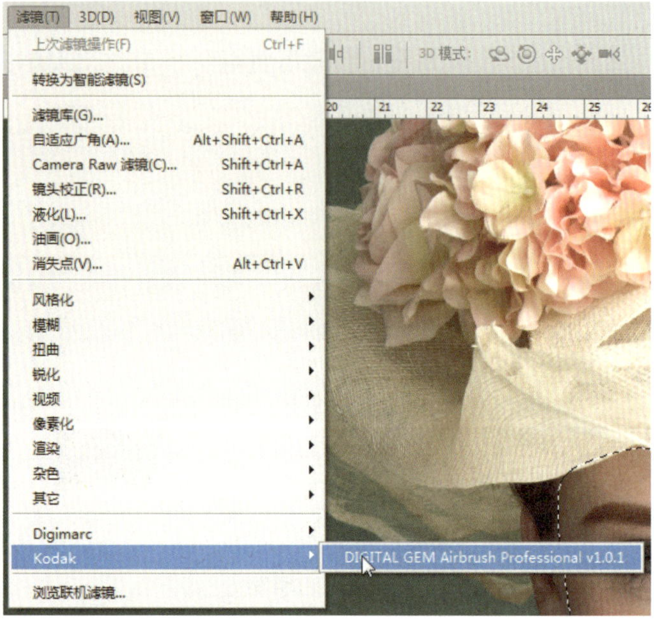


图 2-3-6　选择磨皮滤镜插件

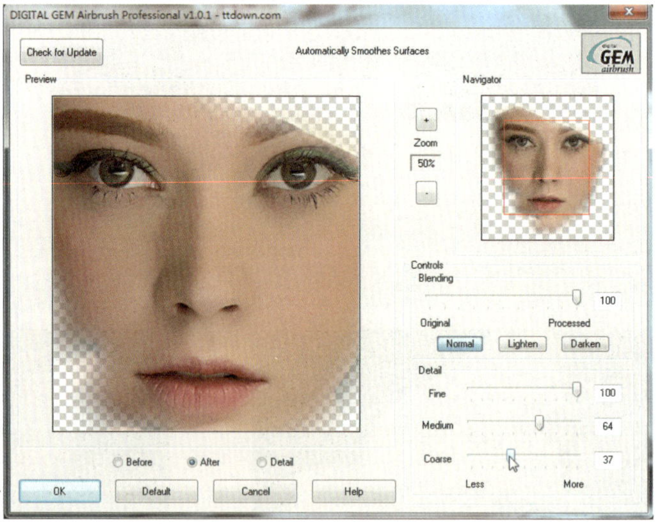


图 2-3-7　滤镜磨皮设置

**小提示**

“滤镜”下拉菜单中的“滤镜库”集合了许多不同的滤镜效果。

**想一想**

液化工具有什么用处呢?

（4）点击“滤镜”菜单栏中的“液化”工具，调出“液化”面板，用面板左上角的“向前变形工具”对模特脸部和手臂等边缘线条不够完美的地方进行修整，如图 2-3-8 所示。

（5）用“套索工具”将图片背景部分选择出来，将“羽化半径”改为 50 像素，如图 2-3-9 所示。

（6）选择“滤镜”菜单栏—“Kodak”—“DIGITAL GEM Airbrush Professional v1.0.1”滤镜，调出 DIGITAL 滤镜面板，调整参数，如图 2-3-10 所示。

图 2-3-8 液化工具修线条

图 2-3-9 羽化选区

**职场箴言**

聪明不在年岁上，智慧藏在脑子里。

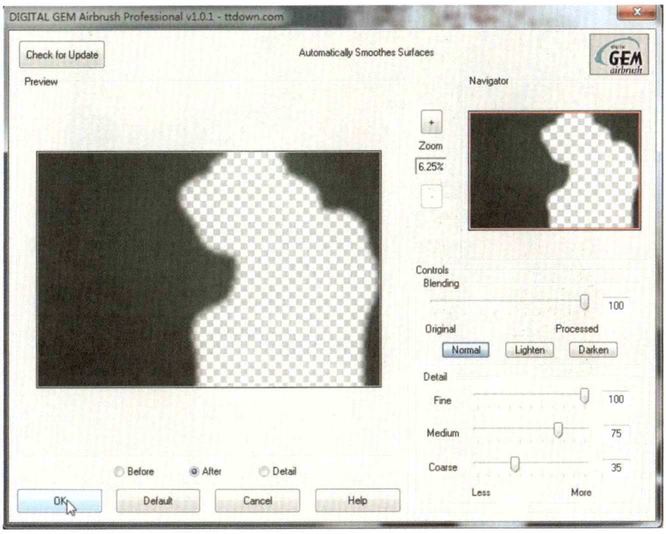


图 2-3-10 滤镜调整背景图片

**职场箴言**

做事要巧，一是动手早，二是多动脑。

（7）在“图层”面板中单击面板底部的“创建新的填充或调整图层”按钮，在弹出的菜单中选择“曲线”命令，调出“曲线”面板，对图层进行提亮，如图 2-3-11 所示。

**小提示**

还可以用快捷键 Ctrl+M 打开曲线面板。

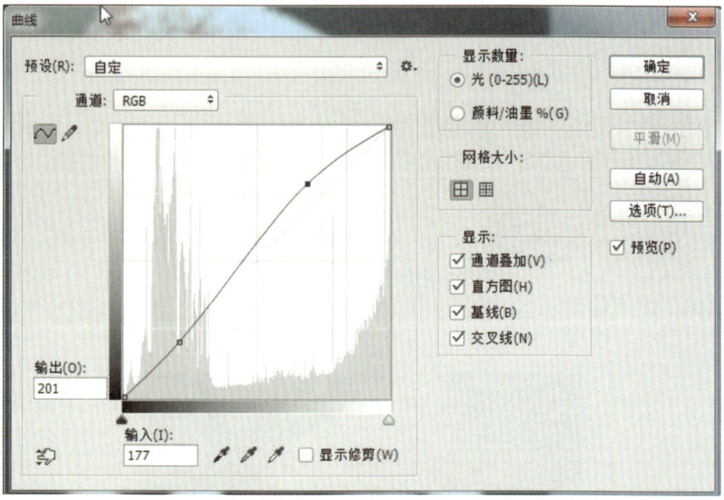


图 2-3-11　曲线调整图层

（8）单击曲线调整图层的蒙版，然后用“画笔工具”选择前景色为黑色、硬度为 0%，将帽子高光部分进行遮盖，使帽子不会过亮，如图 2-3-12 所示。

**想一想**

为什么要选用蒙版工具？

图 2-3-12　画笔遮盖曲线效果

（9）单击“图像”菜单栏中的“调整”按钮，在菜单中选择“色相 / 饱和度”命令，在弹出的面板中将饱和度调整为 -15，如图 2-3-13 所示。

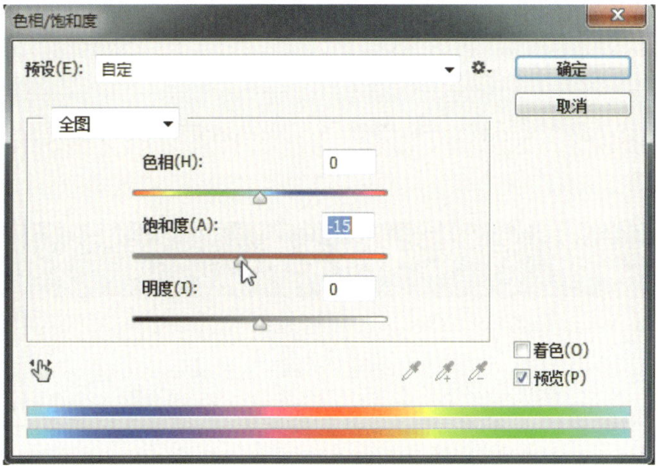


图 2-3-13 色相 / 饱和度命令调整图像

（10）用“加深工具”对帽子过亮部分进行调整，使帽子恢复原来的色彩，将背景左下方也进行擦亮，如图 2-3-14 所示。最终效果如图 2-3-2 所示。

图 2-3-14 加深工具调整局部明暗度

## 知识储备

1. 熟练掌握 DIGITAL GEM Airbrush Professional v1.0.1 滤镜的应用。
2. 熟练使用液化工具调整模特形体。

## 任务结语

通过学习，小哲掌握了商品模特修图技巧，能熟练地应用磨皮滤镜和液化工具，完成了工作任务。

### 创业之路

#### 发掘创业机会（一）

创业难，发掘创业机会更难。有一些人将创业点子的产生归因于机缘凑巧，所谓“无心插柳柳成荫”。不过，研究创意的专家认为，创意只是冰山一角，没有平日的用心耕耘，机缘也不会如此凑巧。所谓的机缘凑巧或第六感的直觉，主要还是得益于创业者在平日培养出侦测环境变化的敏锐观察力，因此，能够先知先觉形成创意构想。创业最好选择自己熟悉的专业，这样成功概率较高：一是创业初期业务开展阻力较小；二是能提升专业能力，比较容易在激烈的竞争中脱颖而出。

# 任务四 商品色彩渲染

## 任务背景

公司接到了某玉器店的玉器拍摄处理业务，所拍摄图片中玉器的质感有所损失，需通过后期的修饰和调色还原玉器本身的晶莹剔透。小哲分到了墨绿色玉手镯的修图工作，但是小哲对这么高难度的调色修图无从下手，于是请教了他的师傅，师傅便指导了他。让我们一起跟小哲来试试修图吧。

微课视频

## 任务要求

利用修图方法将玉手镯图片（见图 2-4-1）调整至完美效果（见图 2-4-2）。

图 2-4-1　玉手镯原图

图 2-4-2　玉手镯效果图

## 任务分析

1. 对商品图片整体构图进行分析，玉手镯拍摄角度适当，产品主题突出，所以不用进行__________。

2. 对玉手镯色彩进行分析，色彩偏暗，高光部分不够亮，我们可以通过__________来调节高光色泽，从而表现出玉手镯晶莹剔透的质感。

3. 对玉手镯整体色调进行分析，色彩为墨绿，色调偏暗，没有碧玉鲜亮的感觉，我们可以通过调整图层里的__________、__________、__________来调节玉手镯碧玉鲜亮的光感。

**想一想**

我们还可以用什么方法来调整这张图片？

## 任务实施

（1）启动 Adobe Photoshop CC，打开素材文件“玉手镯”。按 Ctrl+M 键调出曲线面板，将图片整体调亮，如图 2-4-3 所示。

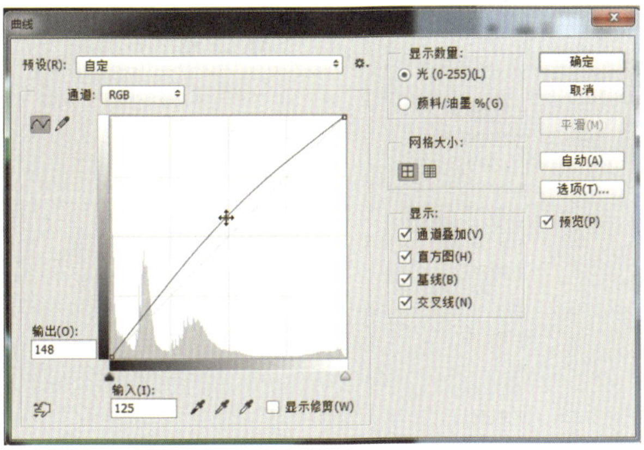


图 2-4-3　曲线工具调整亮度

**想一想**

一共有多少种调亮工具？这里我们可以用哪些工具来调节？

（2）在“图层”面板中单击面板底部的“创建新的填充或调整图层”按钮，在弹出的菜单中选择“色相/饱和度”命令，如图 2-4-4 所示。在“属性”面板中，设置“全图”通道，将其“饱和度”的值设置为 10，如图 2-4-5 所示。

**职场箴言**

在工作中，不要太把自己当回事儿。

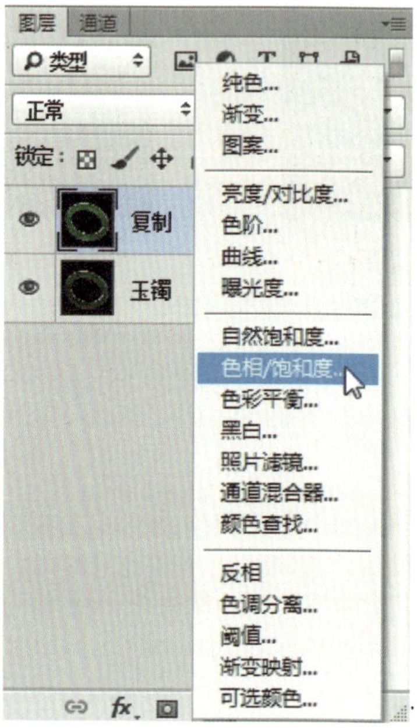


图 2-4-4　色相 / 饱和度

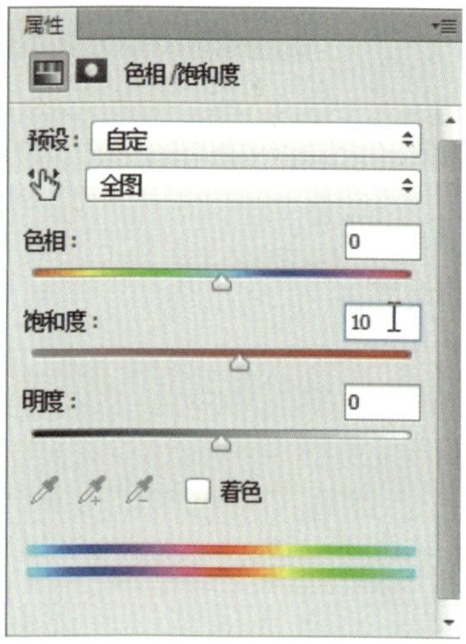


图 2-4-5　色相 / 饱和度调整图层

（3）在“图层”面板中单击面板底部的“创建新的填充或调整图层”按钮，在弹出的菜单中选择“照片滤镜”命令，如图 2-4-6 所示。在“属性”面板中将滤镜设置为绿色，将“浓度”的值设置为 20%，如图 2-4-7 所示。

**想一想**

为什么要使用“照片滤镜”这一工具进行调整？

**小提示**

还可以在“图像”—“调整”中执行“照片滤镜”命令。

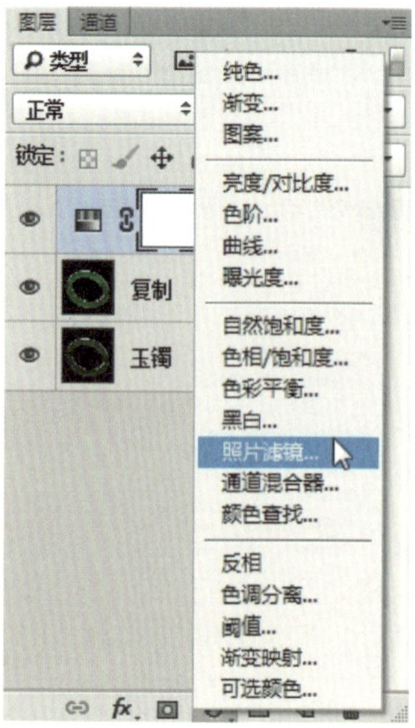


图 2-4-6　照片滤镜

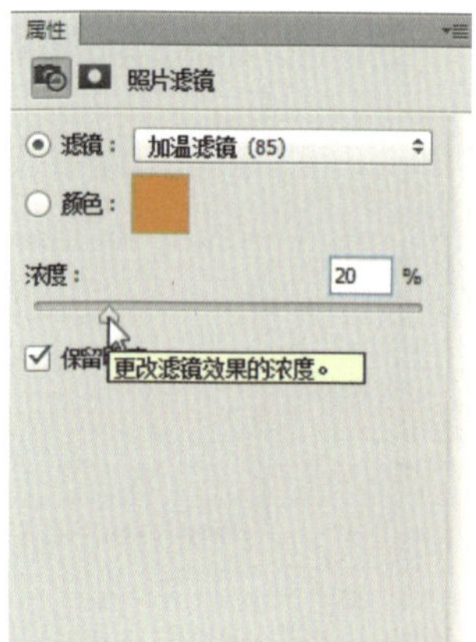


图 2-4-7　照片滤镜调整图层

（4）在“图层”面板中单击面板底部的“创建新的填充或调整图层”按钮，在弹出的菜单中选择“可选颜色”命令。在“属性”面板中，设置“颜色”为“绿色”，分别将“青色”和“黄色”的值设置为 14% 和 20%，如图 2-4-8 所示。

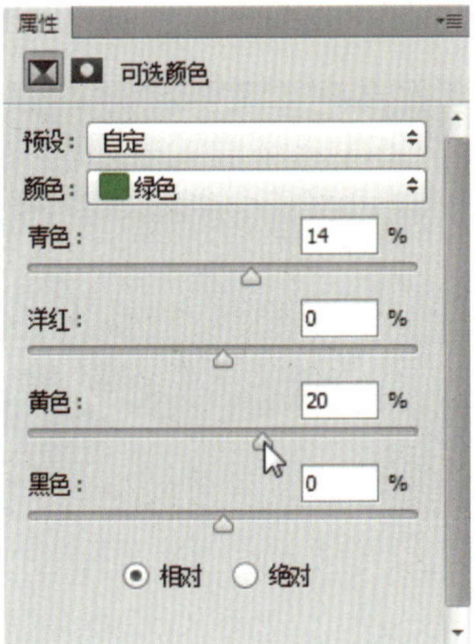


图 2-4-8　可选颜色调整图层

> **小提示**
>
> 点击“青色”“黄色”字样左右拖动也可以改变数值。

（5）在“图层”面板中添加一个“色阶”调整图层，设置“色阶”的值 RGB，如图 2-4-9 所示。

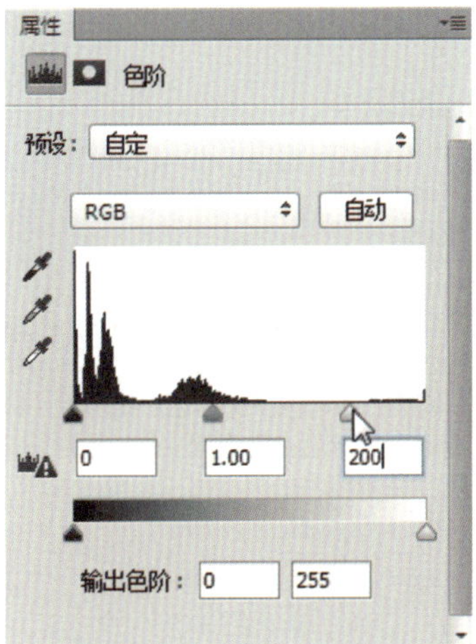


图 2-4-9　色阶调整图层

> **小提示**
>
> 还可以用 Ctrl+L 快捷键打开色阶命令。

> **职场箴言**
>
> 吃亏的和解也比胜诉强。

（6）在“工具”栏中选择“减淡工具”，设置“范围”为“中间调”、大小为 60 像素的柔角笔触，如图 2-4-10 所示。用“减淡工具”对玉手镯上较暗的部分进行涂抹，突显出质感与亮度，如图 2-4-11 所示。最终效果如图 2-4-2 所示。

图 2-4-10　减淡工具

图 2-4-11　减淡工具擦亮较暗部分

**职场箴言**

韧是成功的一大要素，只要在门上敲得够久、够大声，终会把人唤醒的。

## 知识储备

1. 熟练掌握减淡工具涂抹使局部提亮的方法。
2. 熟练使用调整图层中的工具，特别是调整图片色彩的工具。

## 任务结语

通过学习，小哲掌握了商品色彩渲染的修图技巧，能熟练地应用调整图层中的工具，完成了工作任务。

## 创业之路

### 发掘创业机会（二）

发掘创业机会，大致可归纳为以下七种方式：

1. 经由分析特殊事件来发掘创业机会。
2. 经由分析矛盾现象来发掘创业机会。
3. 经由分析作业程序来发掘创业机会。
4. 经由分析产业与市场结构变迁的趋势来发掘创业机会。
5. 经由分析人口统计资料的变化趋势来发掘创业机会。
6. 经由价值观与认知的变化来发掘创业机会。
7. 经由新知识的产生来发掘创业机会。

# 项目三
# 积累经验——设计师助理

## 项目背景

一年时间很快过去了，小哲在认真完成每次工作的同时，还不断完善自己，通过请教设计师和网上自学，他已经摸着了设计的门道，有时候也会帮着设计师做配图。由于他的出色表现和好学之心，设计师向经理推荐让小哲做他的助理，任设计师助理一职。小哲正式开始了他的设计之路。

刚刚上任，设计师对小哲进行了细心的指导，告诉他设计师助理的工作内容和工作流程。让我们一起来看一下吧。

测试卷（三）

## 工作步骤

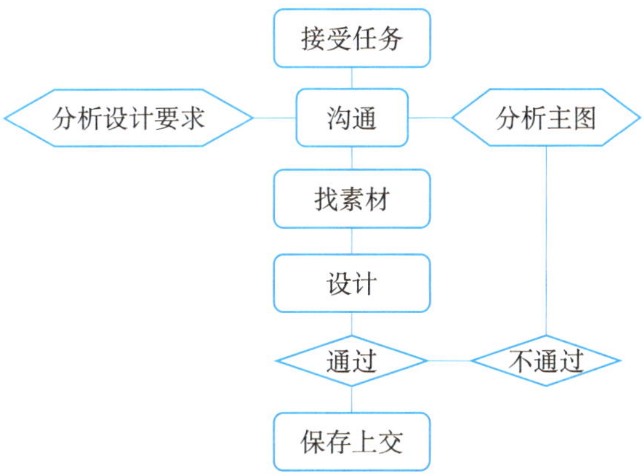


1. 接受设计师分配的任务
2. 沟通设计要求和设计方向
3. 分析设计师制作的主图配色等
4. 在网上寻找素材和创意
4. 制作设计方案
5. 完成后如设计师满意便上交，如不满意再继续修改
6. 保存上交

## 思维导图

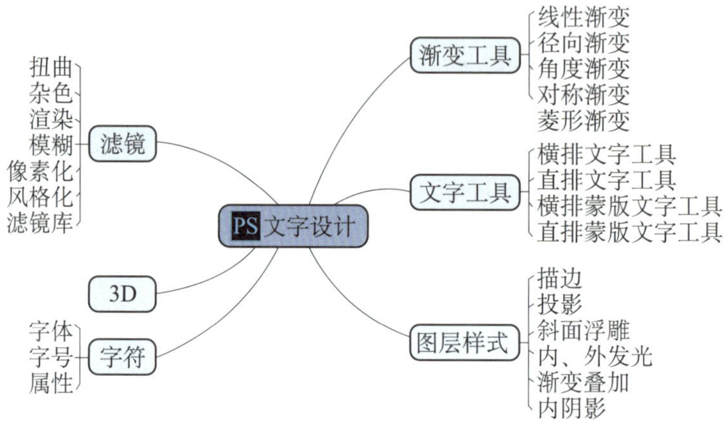


# 任务一 海报字设计技巧

## 任务背景

公司接到了某运动鞋的海报设计业务，设计师要求小哲做一个简单的暖色调的海报字。为了美观，小哲还制作了背景，得到了设计师的赞许。让我们一起来看看小哲是怎么设计的吧。

## 任务要求

根据设计要求，暖色调海报字设计效果如图 3-1-1 所示。

图 3-1-1 海报字设计效果图

## 任务分析

1. 用__________制作背景色，采用__________建立路径后使用__________填上白色，然后添加投影。

2. 根据设计要求，利用__________建立文字选区，利用__________设置文字色彩，通过图层属性做出漂亮的边，用__________添加星星图案。

## 任务实施

（1）启动 Adobe Photoshop CC，新建像素为 800×400 的文档。新建图层，选择“渐变工具”，左右两侧色标改为“c0cfcc-e2e5de”，方向为“径向渐变”，垂直拉出背景渐变色，如图 3-1-2 所示。

**小提示**

按 Ctrl+N 创建文档。

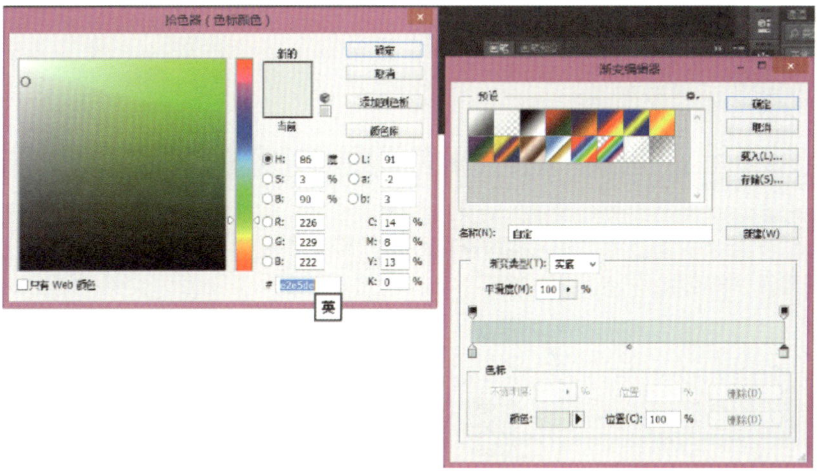

图 3-1-2　渐变工具制作背景色

（2）新建一个图层，选择“钢笔”工具，画出如图 3-1-3 所示的形状。

图 3-1-3　钢笔制作线条路径

**想一想**

用“钢笔”画形状的时候，需要注意哪些细节？

**小提示**

可按 F5 调出画笔。

（3）右击选择“描边路径”，选择“画笔”，颜色为白色，大小为 3 像素，如图 3-1-4 所示。

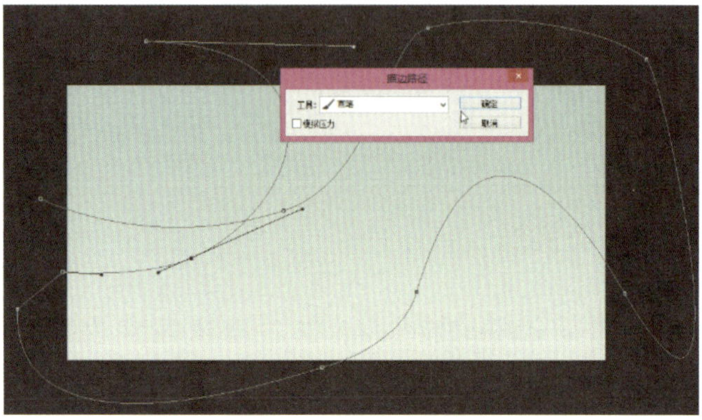

图 3-1-4　画笔路径描边

**想一想**

在处理形状区域时，除了可以选择“描边路径”外，还能使用什么工具进行处理呢？

（4）在“图层样式”中选择“投影”，“混合模式”为“正片叠底”，“不透明度”为 10%，“角度”为 120 度，勾选“使用全局光”，“距离”为 3 像素，“扩展”为 0%，“大小”为 0 像素，如图 3-1-5 所示。

**小提示**

双击图层进入“图层样式”即可设置参数。

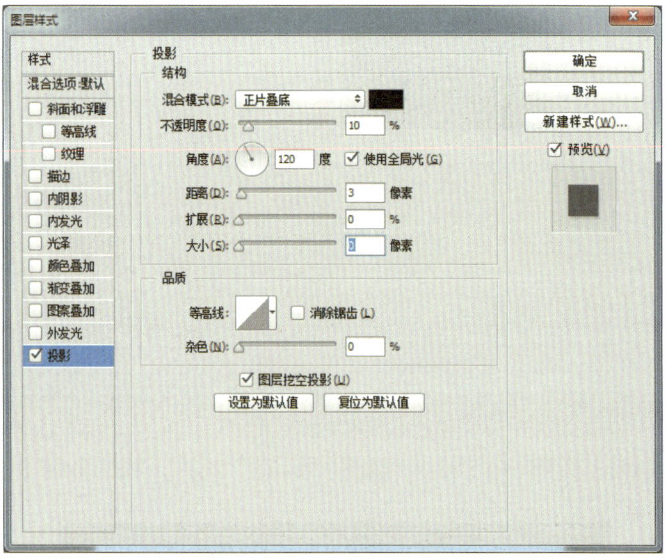


图 3-1-5　投影参数设置

**职场箴言**

作为电子商务师，对自身素质的要求应更严格、更全面，甚至更苛刻一些。

（5）选择“横排文字”，输入“SUPER STAR”，点击“图层”面板下方的“添加图层样式”按钮，在弹出的菜单栏中选择“渐变叠加”命令，“样式”为“线性”，“角度”为 108 度，颜色为“20a1c1-c945a3”，如图 3-1-6 所示。

（6）选择“描边”命令，“大小”为 13 像素，“位置”为“外部”，“混合模式”为“正常”，“不透明度”为 100%，如图 3-1-7 所示。

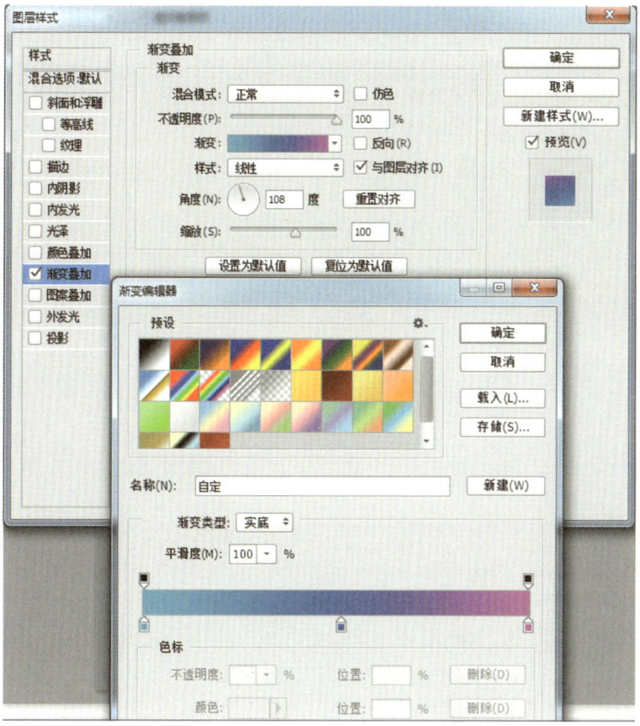


图 3-1-6　渐变叠加制作文字色彩

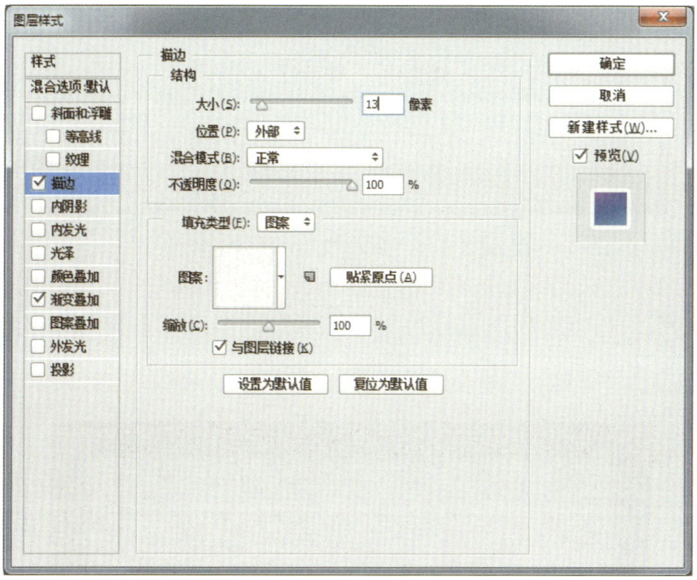


图 3-1-7　描边参数设置

**职场箴言**

要有强烈的事业心和责任感，坚持原则，注重社会主义精神文明建设，反对不良思想和作风。

（7）选择“自定义形状工具”，在“自定义图案”列表里选择五角星形状，新建图层，在文字上添加白色五角星，合并图层，如图 3-1-8 所示。

图 3-1-8　自定义形状工具添加五角星图案

（8）文字图层选择“图层样式”菜单中的“投影”命令，“混合模式”为“正片叠底”，“不透明度”为 10%，“角度”为 82 度，“距离”为 4 像素，“扩展”及“大小”均为 0，如图 3-1-9 所示。

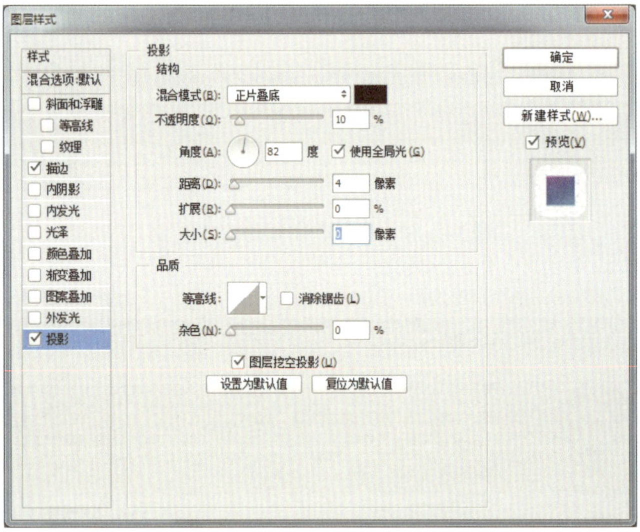


图 3-1-9　制作文字投影效果

**想一想**

改变“不透明度”还有什么方法？

（9）新建图层，在线条上画黑色五角星和白色五角星，然后在“图层”面板中将不透明度改成 20%，如图 3-1-10 所示。最终效果如图 3-1-1 所示。

**小提示**

鼠标点击“不透明度”选项，直接输入数字即可改变“不透明度”。

图 3-1-10　制作五角星投影效果

## 知识储备

1. 熟练运用图层混合属性中的所有命令。
2. 掌握图层描边属性中的图案使用方法。

**职场箴言**

遵纪守法、廉洁奉公是职业活动能够正常进行的重要保证。

## 任务结语

通过学习，相信大家都能做出漂亮的海报文字。

**创业之路**

### 创业方向

创业方向主要有以下四种：
1. 网上创业。
2. 做代理商。
3. 咨询业。
4. 委托投资。

# 任务二　线条文字设计技巧

## 任务背景

设计师今天给小哲布置了一个有点难度的任务，让他设计一个“2014”文字的配图，要求流线型，采用紫色和红色两种暗色调。设计师给小哲提供了“2014”的文字素材，让他在此基础上改进。

**想一想**

在动手设计文字之前，你能大概设想出应通过怎样的途径进行设计吗？

## 任务要求

根据文字素材（见图 3-2-1）和要求进行设计，效果如图 3-2-2 所示。

图 3-2-1　2014 文字素材

图 3-2-2　2014 文字效果图

## 任务分析

1. 根据设计要求，通过用素材文字的选区建立描边轮廓，可得到文字线条。
2. 方案要求文件简洁清亮，为单色添加高光和投影效果。

## 任务实施

（1）启动 Adobe Photoshop CC，新建一个 1 024 × 700 像素的文件，填充背景黑色，打开素材文件，如图 3-2-3 所示。

**小提示**

可直接拉入素材至 Adobe Photoshop CC。

**想一想**

怎样从文字中得到它的轮廓？

图 3-2-3　打开素材文件

（2）载入文字选区，在新建的图层里选择“编辑”—“描边”，具体参数如图 3-2-4 所示。

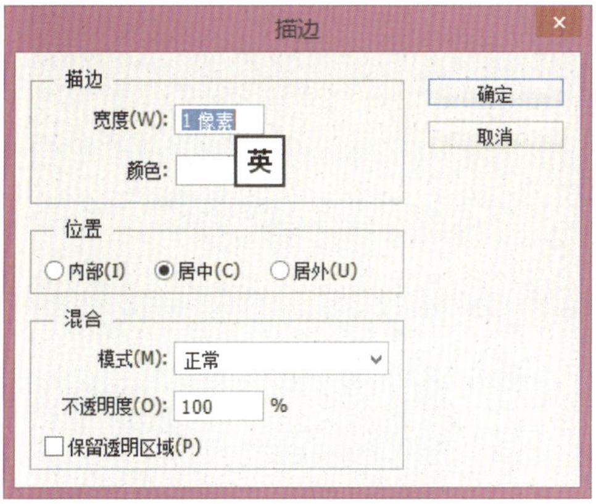


图 3-2-4　编辑图层描边

> **小提示**
> 按 Ctrl+Alt+Shift+E 盖印图层，是设计师的常用技巧。

（3）隐藏文字图层，按 Ctrl+J 将描边图层复制一层，对复制层进行“高斯模糊”设置，如图 3-2-5 所示。点击图层面板下的“添加蒙版”按钮，用画笔工具在蒙版画布上擦掉一些文字边，如图 3-2-6 所示。按“方向键”轻移，最后合并两个图层，效果如图 3-2-7 所示。

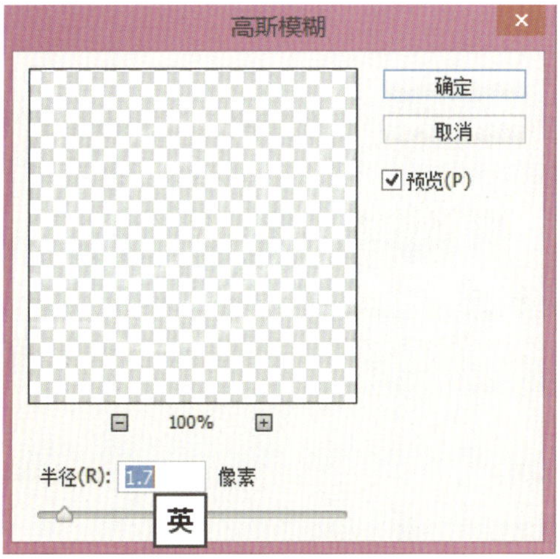


图 3-2-5　高斯模糊图层

> **小提示**
> “蒙版工具”可以让图层有新的变化。

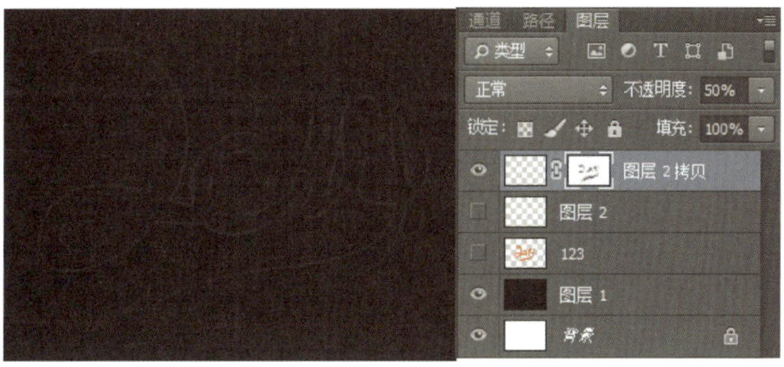


图 3-2-6　蒙版遮盖部分图层

图 3-2-7　描边图层复制位移

（4）将图层“载入选区”后，选择“渐变工具”，方向为“径向渐变”，然后由图中间向边角拉出如图 3-2-8 所示的渐变色，渐变色色标为“#B742AD-#F94C08-#B541AE”，效果如图 3-2-9 所示。

**想一想**

“渐变”还可以在哪里进行设置？

**职场箴言**

破除旧的观念，勇于开创新的工作局面，具有强烈的创新意识和精神。

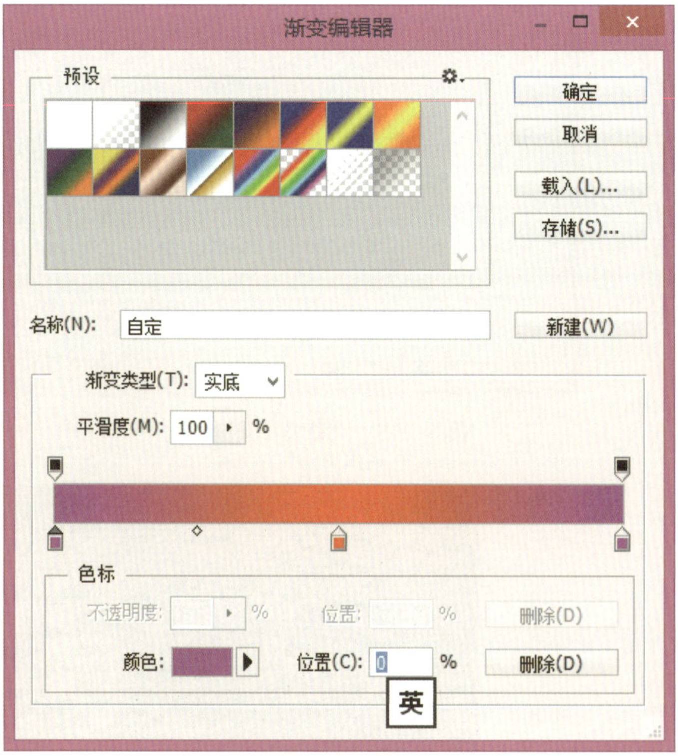


图 3-2-8　径向渐变

图 3-2-9　描边图层复制位移

（5）在图层面板中将“图层透明度”改为 60%，按 Ctrl+J 将当前图层复制一层，用“方向键”轻移一定距离，然后重复上述步骤 4 次，做出密集光束的效果，并为所有复制图层编组，如图 3-2-10 所示。

图 3-2-10　复制图层并编组

**想一想**

按“方向键”轻移的目的是什么？

**想一想**

多次使用“渐变工具”会使图层更加绚丽吗？

（6）点击“添加蒙版”按钮给组 1 添加“图层蒙版”，并用“黑色画笔”擦掉不需要的部分，效果如图 3-2-11 所示。

图 3-2-11　添加图层蒙版

（7）将背景图层隐藏，在图层最上面新建一个图层，按 Ctrl+ Alt+Shift+E 盖印图层，如图 3-2-12 所示。

**想一想**

盖章图层有什么作用？

图 3-2-12　盖印图层

（8）将背景图层显示出来，回到盖印图层，将图层“混合模式”设置为“颜色减淡”，按 Alt 点击“添加蒙版”按钮，为图层添加“图层蒙版”，用“白色画笔”把需要增加高光的部分擦出来，效果如图 3-2-13 所示。

**小提示**

添加图层蒙版能够制作出想要的高光，对制作错误的地方可以进行修整。

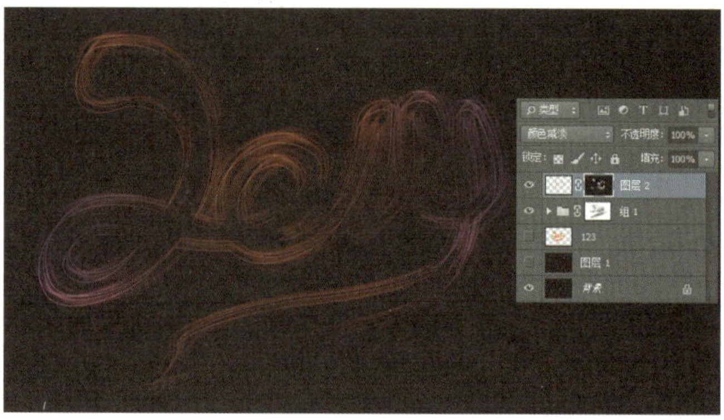

图 3-2-13　添加蒙版增加高光

（9）重新载入文字选区，新建一个图层，选择“渐变工具”，渐变色标为“#965BF3-#EC67E4-#8063F9”，方向为“径向渐变”，如图 3-2-14 所示。

图 3-2-14　添加径向渐变图层

（10）用钢笔沿着边缘勾出想要的高光区域，如图 3-2-15 所示。转换为选区后将“羽化半径”设为 1 个像素，按 Ctrl+J 复制到新的图层。将高光部分图层合并，效果如图 3-2-16 所示。

图 3-2-15　钢笔勾画高光部分路径

图 3-2-16　合并高光图层后效果

（11）从组 1 中复制出线条图层，按 Ctrl+Shift+ 右中括号，放在图层的最上面，突出字体形态。新建一个图层，按 Ctrl+Alt+Shift+E 盖印图层，选择“滤镜”—“锐化”—“SUM 锐化”，数值自定，效果如图 3-2-17 所示。

**职场箴言**

要勇于创新，不空谈、重实干，在思想上是先行者，在实践上是实干家，不断提出新问题，研究新方法，走出新路子。

图 3-2-17　复制文字线条锐化增加轮廓效果

**想一想**

还可以通过哪些设置使图层更加绚丽？

（12）在“图层”面板中单击面板底部的“创建新的填充或调整图层”按钮，在弹出来的菜单中选择“色彩平衡”命令，选择“色调”为“中间调”，数值分别为 -13、16、33，如图 3-2-18 所示。

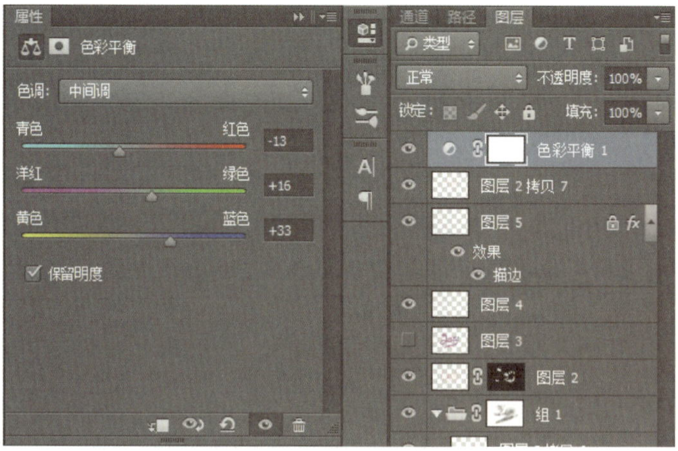


图 3-2-18　色彩平衡调整色彩

（13）在“创建新的填充或调整图层”菜单栏中选择“曲线”命令，“通道”设为“RGB”后微调亮，如图 3-2-19 所示。“通道”改成“红”“绿”和“蓝”后分别调亮，如图 3-2-20 至图 3-2-22 所示。

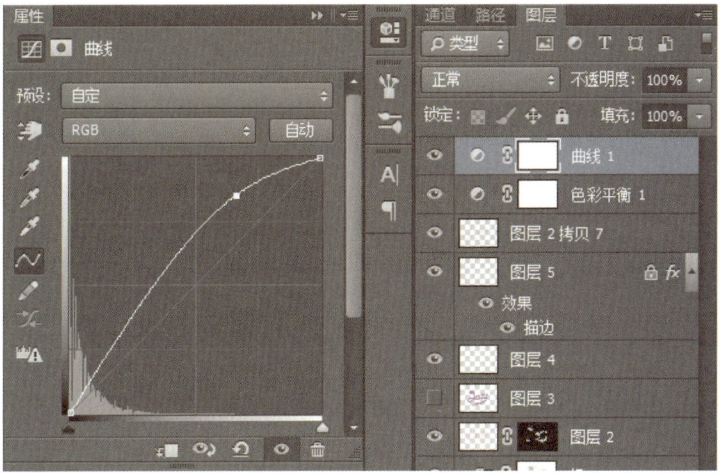


图 3-2-19　曲线调整亮度

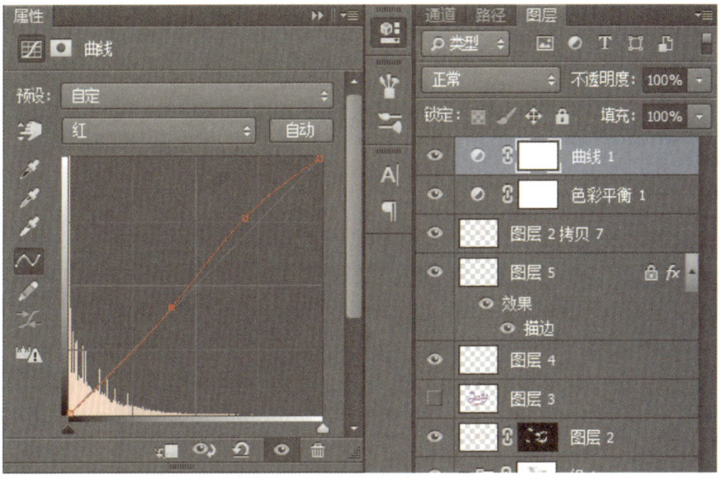


图 3-2-20　曲线调整红色通道亮度

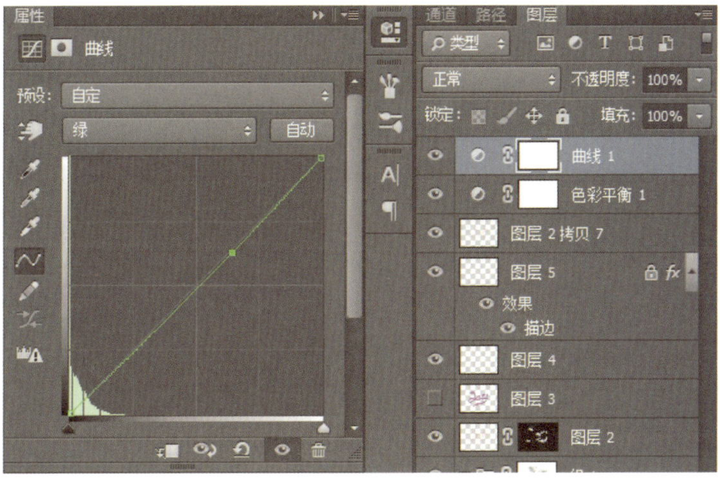


图 3-2-21　曲线调整绿色通道亮度

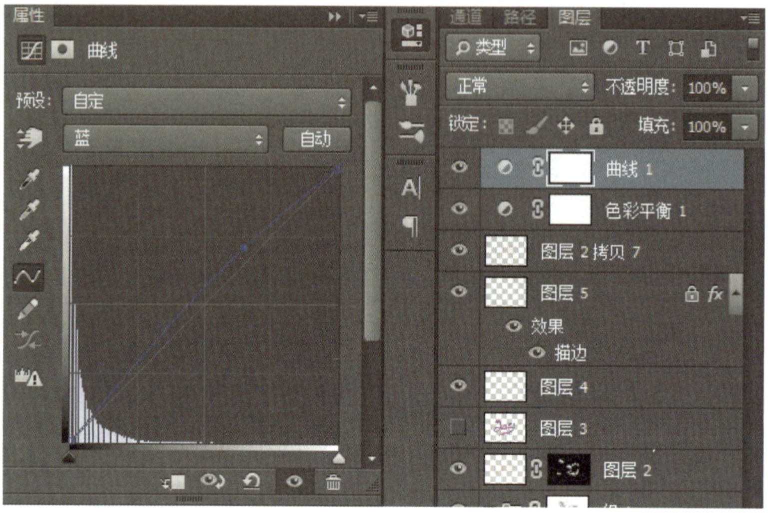


图 3-2-22　曲线调整蓝色通道亮度

（14）按 Ctrl+Alt+Shift+E 盖印图层，然后按 Ctrl+J 复制图层，对复制图层执行“滤镜”—“模糊”—“高斯模糊”，数值为 5，如图 3-2-23 所示。

**想一想**

为什么要用“高斯模糊”来设置图层？这会使图层发生怎样的变化？

**小提示**

先盖章，后复制，再模糊。

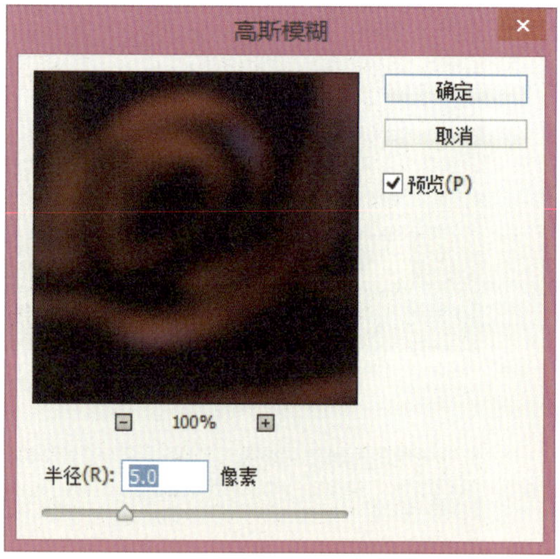


图 3-2-23　高斯模糊

（15）将“混合模式”改为“柔光”，最终效果如图 3-2-2 所示。

## 知识储备

1. 掌握编辑描边的方法。
2. 熟练使用蒙版。

## 任务结语

小哲很快做出了文字效果，色彩艳丽夺目，漂亮至极。大家赶紧动手来做一下吧。

### 创业之路

女生创业的参考

1. 创意服务类：以创意、执行为主要工作内容的职业。
2. 专业咨询类：以提供专业意见，并以口才、沟通能力取胜的行业。
3. 科技服务类：软件设计、网页设计、网站规划、网络营销等。
4. 家教照顾类：提供儿童教养与老人看护的服务。
5. 生活服务类：采用店面经营方式，可分为独立开店与加盟两种。较适合之业种包括西点面包店、咖啡店、中西餐饮速食店、服饰店、金饰珠宝店、鞋店、居家用品店、体育用品店、书籍文具租售店、视听娱乐产品租售店、美容护肤店、花店、宠物店、便利商店等。

# 任务三 水晶字制作技巧

## 任务背景

公司接到了某电影公司的电影宣传海报设计业务，设计师安排小哲设计海报文字，要求在星空素材上制作出水晶字效果。小哲通过网络学习了制作方法。让我们一起来看一下吧。

## 任务要求

根据设计方案要求在素材图（见图 3-3-1）上制作“STARS”水晶字效果，效果如图 3-3-2 所示。

图 3-3-1 星空背景素材

图 3-3-2 水晶字效果图

## 任务分析

1. 根据设计要求，分析背景素材图的主色调为____________、____________、____________，所以在设计文字时从这三种颜色中选择。

2. 分析水晶字设计要求，为透明玻璃质感，所以通过降低图层透明度和调整图层来制作立体的质感。

## 任务实施

（1）启动 Adobe Photoshop CC，将素材图“星光背景素材”置入画布中，如图 3-3-3 所示。

**小提示**

可直接拉入背景素材，调整至适当大小。

图 3-3-3 打开星空背景素材

（2）新建图层，选择“油漆桶”，“属性栏”—“设置填充源”—“图案”，选择填充“花岗岩”图案，将此层的“图层模式”改为“叠加”，“不透明度”改为40%，如图3-3-4所示。

**想一想**

为什么要对背景进行图案填充？

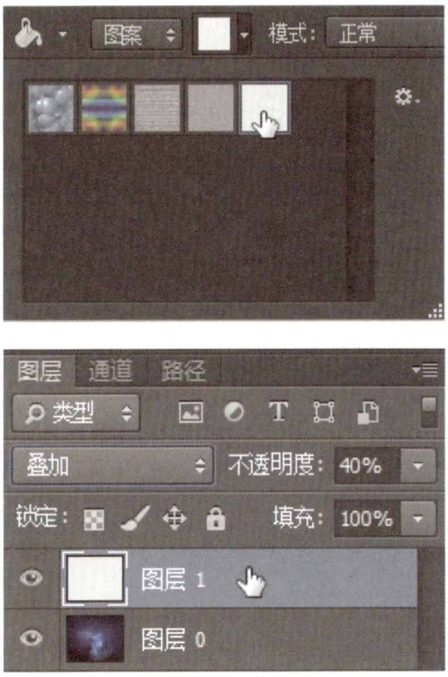


图 3-3-4 花岗岩图案填充

**小提示**

双重背景能加强背景深邃感。

（3）选择“横排文字工具”，键入“STARS”，“字体”设置成“Deusex”，字号为“200点”，把字体移至居中偏上。把文字层“STARS”复制两层，加上最初的一层，总共三层，分别命名文字图层名称为“Stars_1”“Stars_2”“Stars_3”，如图3-3-5所示。

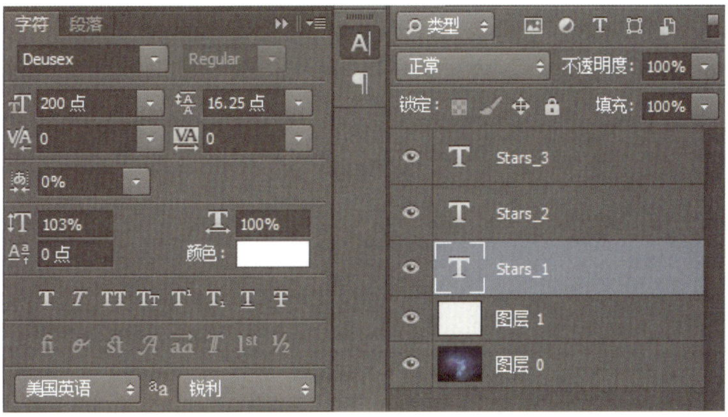


图 3-3-5 键入文字

**想一想**

为什么要把文字层复制三层呢？

（4）隐藏上两个文字图层。对“Stars_1”图层进行“图层样式”的设置，参数设置如图3-3-6所示。

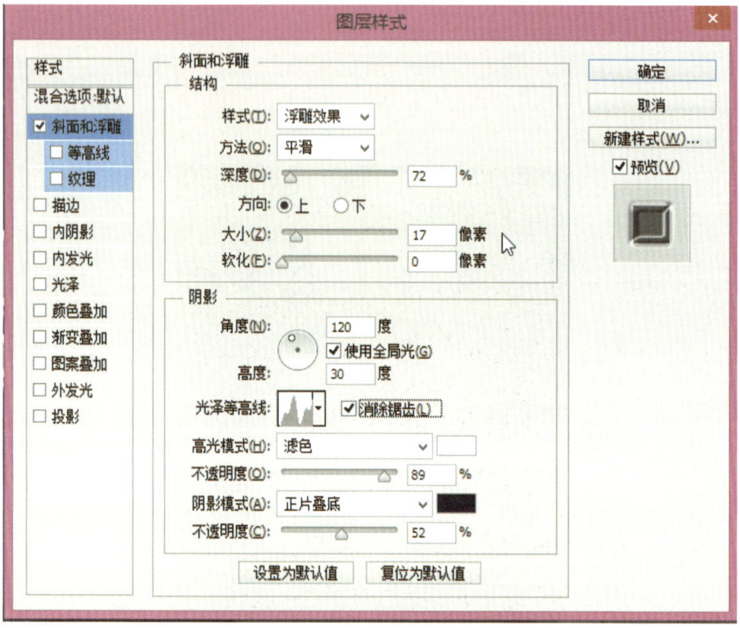


图 3-3-6　图层样式添加效果

**小提示**

按 Ctrl+J 复制相对图层，并双击图层改变图层名称。

（5）分别在“斜面和浮雕”—“等高线”“渐变叠加”“投影”界面调整设置，使英文字母更具“水晶”效果。在设置“渐变叠加”中，用到的渐变颜色色标为“8513c6-b949e7-7abcff”。如图 3-3-7 至图 3-3-10 所示。

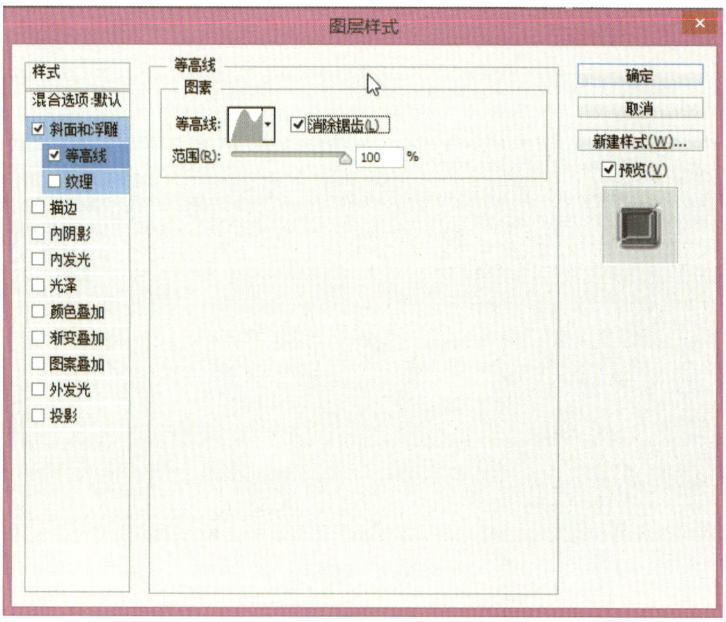


**想一想**

参数设置好以后，还能通过什么设置使字样更显“水晶”效果？

图 3-3-7　等高线图层样式添加效果

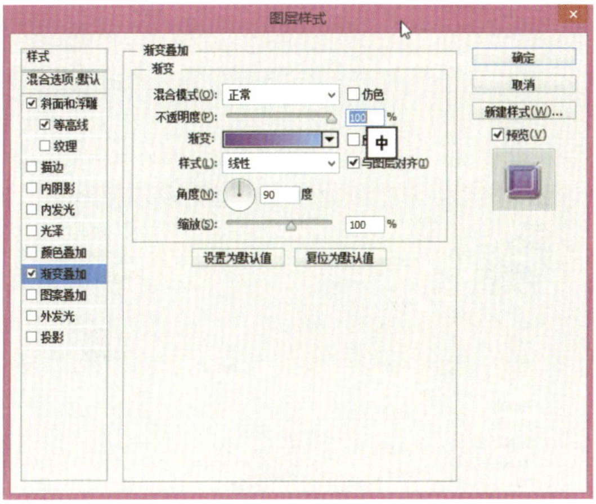

图 3-3-8　渐变叠加图层样式添加效果

图 3-3-9　渐变叠加色标设置

**小提示**

“渐变设置”中选择第一个样式，再设置色标。

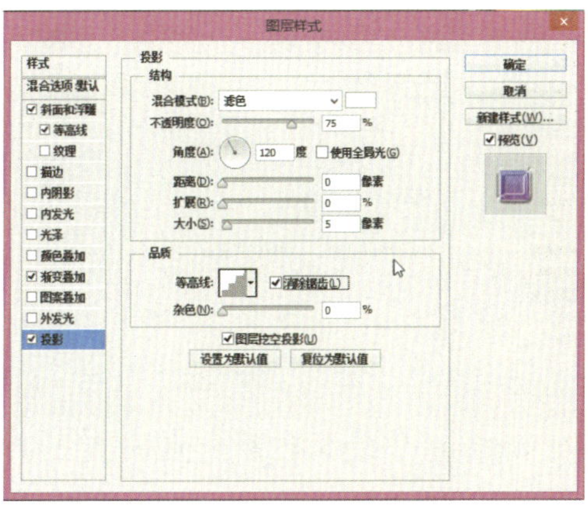

图 3-3-10　投影图层样式添加效果

**职场箴言**

得了奖赏不要只想到自己，出了差错不要埋怨别人。

（6）隐藏文字图层“Stars_1”。选择文字图层“Star_2”，点击“图层”面板下方的“图层样式”按钮进行设置，参数设置如图 3-3-11 至图 3-3-13 所示。调整完毕后将图层“填充”设置为 0%，如图 3-3-14 所示。

**想一想**

隐藏第一个图层是为了什么？

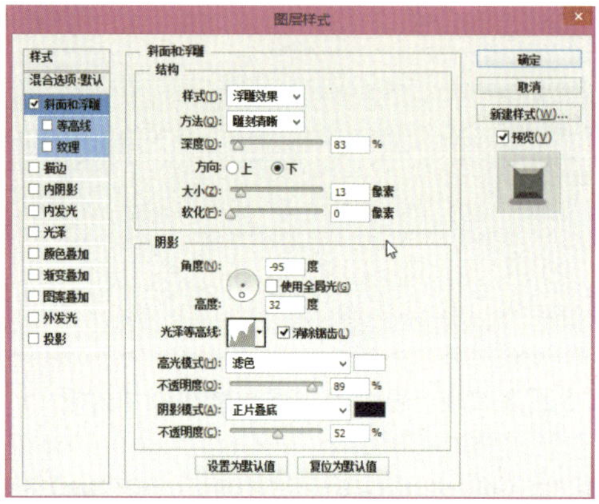


图 3-3-11　斜面和浮雕图层样式添加效果

**小提示**

让第一个图层“闭上眼睛”，再进行设置。

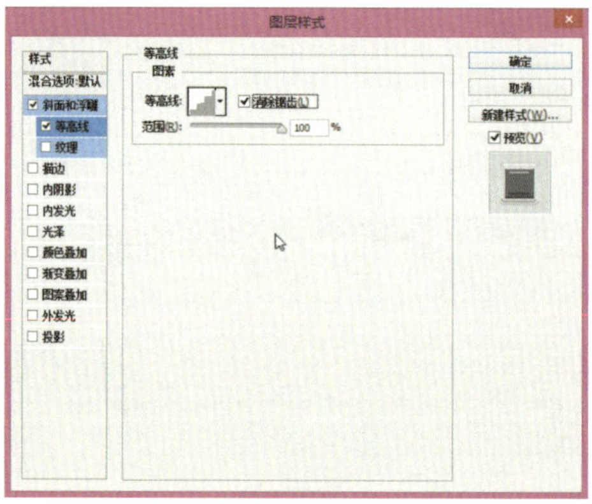


图 3-3-12　等高线图层样式添加效果

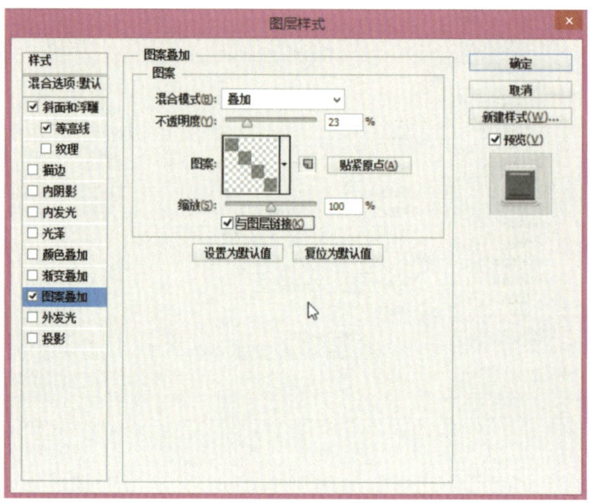


图 3-3-13　图案叠加图层样式添加效果

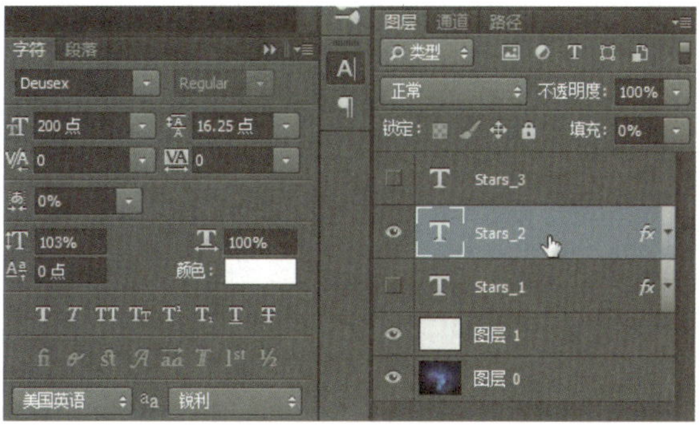


图 3-3-14　图层填充添加效果

**想一想**

"填充"设置为 0% 后，会有怎样的效果？

（7）在"图层"面板中将"Stars_2"图层右侧的"*fx*"图层样式按住 Alt 键复制到"Stars_3"图层，然后将此图层"向上移动"几个像素，目的是做出立体感的效果。调整完毕后将图层"填充"设置为 0%。如图 3-3-15 所示。

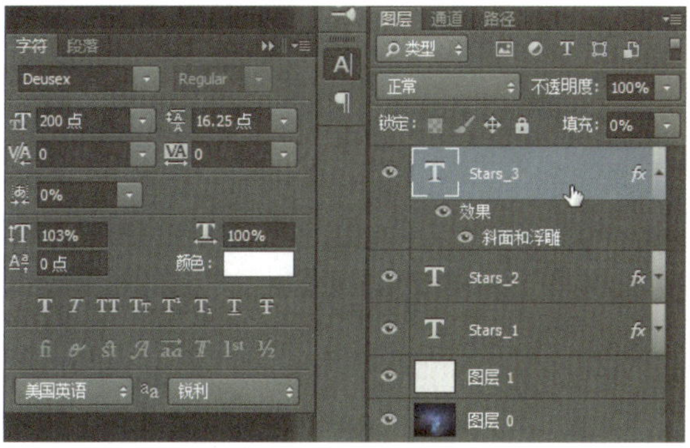


图 3-3-15　图层样式复制

**小提示**

按 Alt 键拉图层中的"*fx*"字样，可以复制该图层的"*fx*"。

（8）选择"画笔工具"，调出"画笔设置"界面，对"画笔笔尖形状""形状动态"和"散布"进行设置，如图 3-3-16 至图 3-3-18 所示。

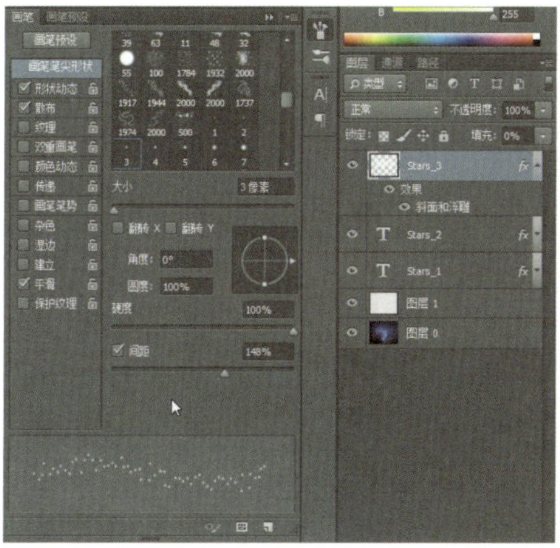

图 3-3-16　画笔笔尖形状设置

**职场箴言**

多下及时雨，少放马后炮。

**小提示**

在使用“画笔工具”前一定要先设置“画笔”大小及差距。

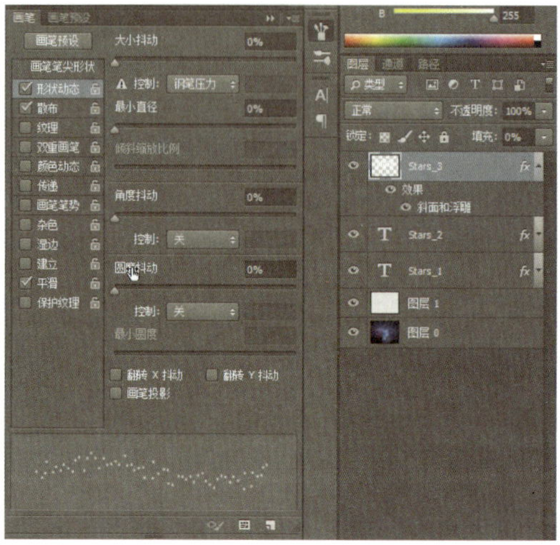


图 3-3-17 画笔形状动态设置

**小提示**

按 F5 调出“画笔设置”。

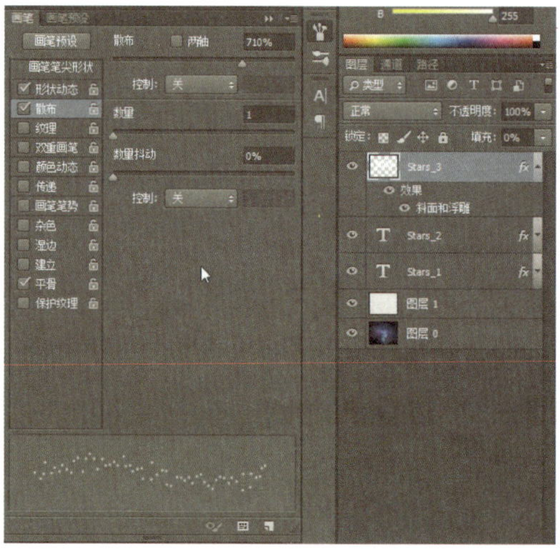


图 3-3-18 画笔散布设置

（9）新建一个“空白图层”，沿着文字内部涂即可，如图 3-3-19 所示。

图 3-3-19 画笔设置后制作效果

（10）对整体的色彩进行调整。可以用“曲线”“色彩平衡调节”工具，使得颜色更加靓丽、文字更加明亮。最终效果如图 3-3-2 所示。

## 知识储备

1. 能够熟练运用图层样式中的各个功能效果。
2. 掌握水晶字的制作技巧。

## 任务结语

通过学习，小哲掌握了此类特效文字的制作技巧，能熟练地应用调整图层中的工具，完成了工作任务。

### 创业之路

创业的风险

创业风险与其他事件的风险相比，其特点是创业风险发生的链条长。包括项目选择、资金筹措、团队组建、产品生产、市场开拓以及事业发展壮大等，战线长、变数大，任何一个环节都有可能存在风险。而成功的创业者是有计划地冒风险。精明的创业者让其他团队人员共同分担风险。这就要求创业人才在创业的过程中要具备规避风险、转移风险、补偿风险、抑制风险、评价风险、预测风险和管理风险的能力。

# 任务四　3D 立体字设计技巧

## 任务背景

设计师今天给小哲布置了一个新任务，让他设计一个“BIG SALE”的 3D 立体字。这可把小哲给难住了，因为他没有学过 Photoshop 软件里面的 3D 功能，不过这也激发了他的学习兴趣，他立刻向设计师请教，设计师指点了下他，并让他去看一下教学视频。不到半天时间小哲就学会了，很快就做好了。让我们跟他学习一下吧。

**想一想**

在学习之前，你能预想一下 3D 立体字是如何制作的吗？

## 任务要求

使用 3D 功能制作出如图 3-4-1 所示效果。

图 3-4-1　3D 立体字效果图

## 任务分析

方案要求文件简洁清亮，为单色添加高光和投影效果。

## 任务实施

（1）新建 1 280 × 1 024 像素的图层，填充 “#e0f8ff”，添加 “蒙版”，用黑色柔角笔刷涂抹边缘部分，如图 3-4-2 所示。

**小提示**

用黑色柔角笔刷涂抹边缘部分的时候，要多注意边缘。

图 3-4-2　蒙版制作柔和过渡的背景

（2）选择“文字工具”，分别输入文字“BIG”“SALE”，字号 200，如图 3-4-3 所示。对“BIG”进行适当拉伸，如图 3-4-4 所示。

图 3-4-3　键入文字

**想一想**

用“蒙版”来制作柔和过渡的背景能起到什么作用？

图 3-4-4　调整文字

**小提示**

要改变上下行行距或是新建文字图层。

（3）选择文字“BIG”层，隐藏其他文字层。选择“窗口”—“3D”—“3D 凸出”，点击“创建”按钮。“形状预设”如图 3-4-5 所示。

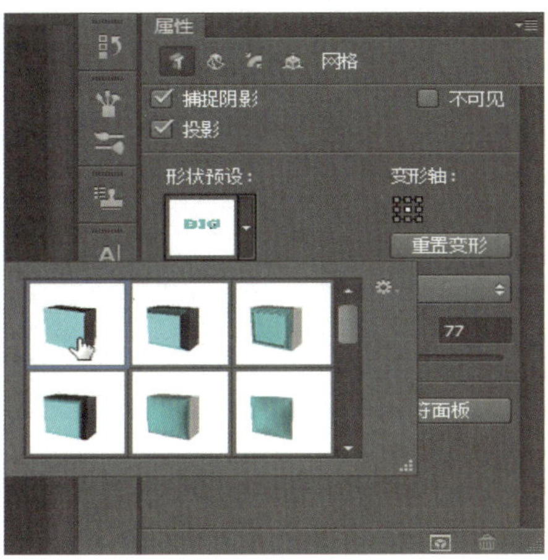


图 3-4-5　形状预设

**想一想**

有很多种不同的 3D 图层样式，请你说说哪种 3D 图层样式更好。

（4）设置3D场景，画面会出现一个方向轴，选择“移动工具”将文字进行旋转，如图3-4-6所示。

**小提示**

改变文字旋转角度，增加立体感。

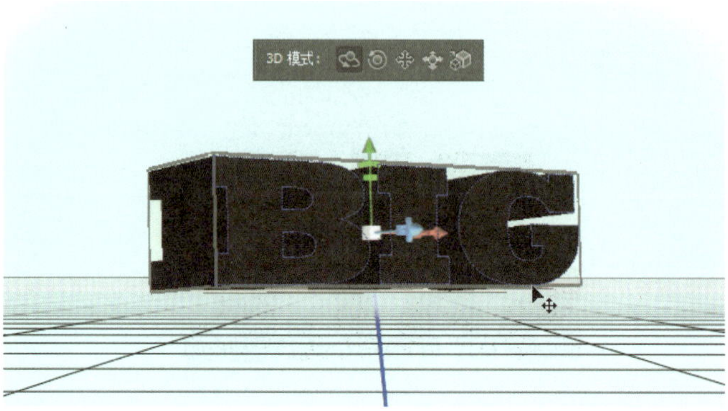


图3-4-6 旋转文字

（5）进行“前膨胀材质”设置，将“发光”设为白色，其他不变，如图3-4-7所示。

（6）选择“凸出材质”，将“漫射”设置为橙色，如图3-4-8所示。

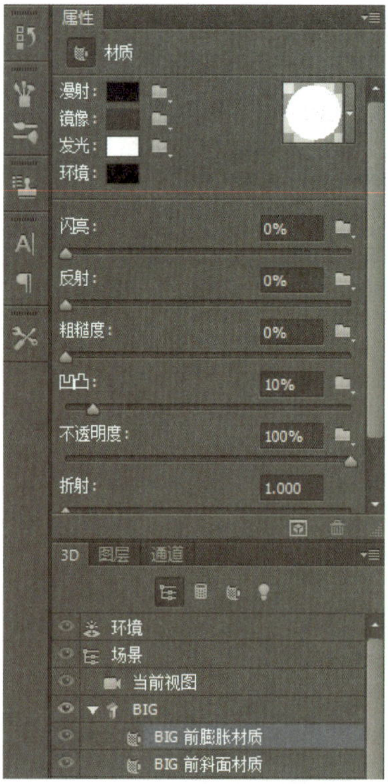


图3-4-7 前膨胀材质设置颜色

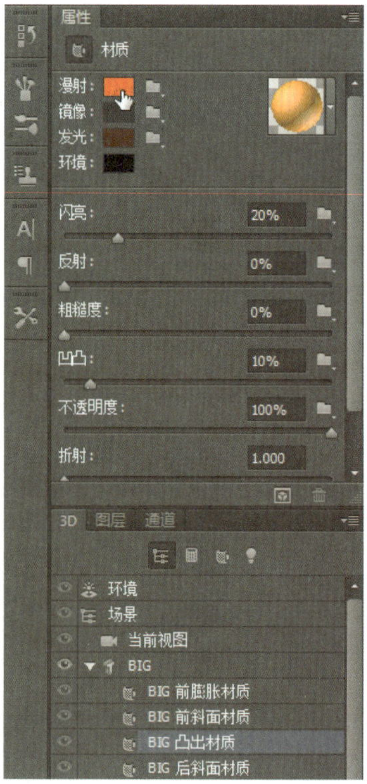


图3-4-8 凸出材质设置颜色

**职场箴言**

受到表扬不要笑，挨了批评不要跳。

（7）显示文字“SALE”层，与文字“BIG”层的操作一样。“凸出材料”中的“漫射”也可选择自己喜欢的颜色，如图 3-4-9 所示。

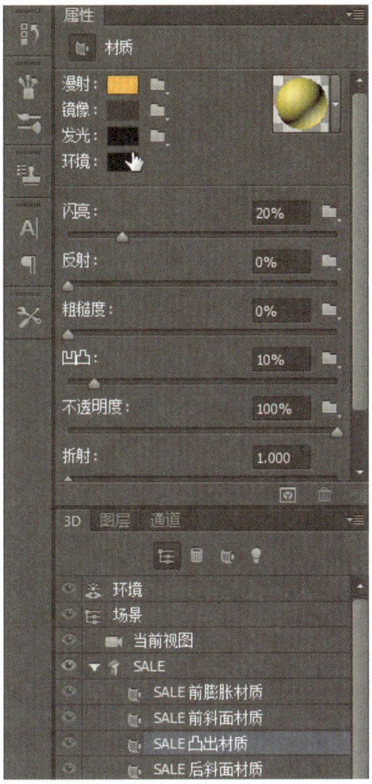


图 3-4-9　设置同上效果

**想一想**

除此之外，还可如何设置 3D 图层？

**小提示**

“凸出材质”设置为深色能突出图层的立体感。

（8）复制文字“SALE”层，按 Ctrl+T 设置“自由变换”—“垂直翻转”，在 3D 通道里进行适当的旋转，如图 3-4-10 所示。

图 3-4-10　垂直翻转文字

（9）添加“图层蒙版”，设为黑白色“线性渐变”，如图 3-4-11 所示。

**想一想**

还可以怎样操作做出相同的倒影效果？

图 3-4-11　图层蒙版制作倒影

（10）新建图层，前景色为“# F7189B”，选择“椭圆工具”，画一个正圆，图层“不透明度”为 19%，复制一层，改变大小、颜色和位置，并把这些彩色圆形层合并，放于浅蓝色蒙版层之上，如图 3-4-12 所示。

**小提示**

按 Ctrl+J 复制一层图层，再按 Ctrl+T 进行“自由变换”。

图 3-4-12　添加背景效果

（11）在立体字底部新建图层，选择“椭圆工具”，画一个椭圆选区，填充“#153208”。对椭圆图层按 Ctrl+T 进行“自由变换”，将其压扁并适当调整，如图 3-4-13 所示。点击“滤镜”—“模糊”—“高斯模糊”，设为 1.5 像素，添加蒙版使两端渐隐，如图 3-4-14 所示。最终效果如图 3-4-1 所示。

图 3-4-13　自由变换椭圆

**想一想**

为什么不双击图层进行“投影”，而用“椭圆工具”制作投影效果呢？

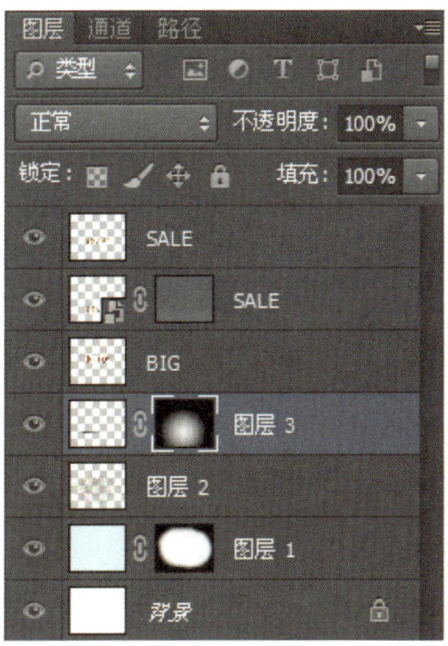


图 3-4-14　图层蒙版制作过渡效果

**小提示**

重点在于“高斯模糊”设置与蒙版对图层的过渡。

## 知识储备

1. 掌握用 3D 功能制作立体效果的技巧。
2. 掌握阴影效果的制作方法。

## 任务结语

小哲很快做出了3D立体字效果，色彩艳丽夺目，漂亮至极。大家赶紧动手来做一下吧。

### 创业之路

#### 创业需要注意的问题

1. 积极利用现有资源。不少在职人员都选择了与工作密切相关的领域创业，工作中积累的经验和资源是最大的创业财富，要善于利用这些资源，以便近水楼台先得月。

切不可误用资源，在职老板不能将个人生意与单位生意混淆，更不能吃里爬外、唯利是图，否则不仅要冒道德上的风险，而且很可能会受到法律的制裁。

2. 选择合作伙伴。有些上班族有投资资金或有一定的业务渠道，但苦于分身无术，因此会选择合作经营的创业方式。如果你需要合伙人的钱来开办或维持企业，或者这个合伙人帮助你设计了这个企业的构思，或者他有你需要的技巧，或者你需要他为你鸣鼓吹号，那么就请他加入你的公司。这虽能让兼职老板轻松上阵，但要慎重选择合作伙伴，在请帮手和自己亲自处理上，要有一个平衡点。首先要志同道合，其次要互相信任。不要聘用那些适合工作却与你合不来的人员，也不要聘用那些没有心理准备面对新办企业压力的人。

此外，和合作伙伴之间的责、权、利一定要分清楚，最好形成书面文字，有合作双方和见证人的签字，以免起纠纷时空口无凭。

3. 细致准备必不可少。创业是一项庞大的工程，涉及融资、选项、选址、营销等诸多方面，因此在职人员创业前，一定要进行细致的准备。

通过各种渠道增强这方面的基础知识；根据自己的实际情况选择合适的创业项目，为创业开一个好头；撰写一份详细的商业策划书，包括市场机会评估、盈利模式分析、开业危机应对等，并摸清市场情况，知己知彼，打有准备之仗。

4. 尽量用足相关政策。政府部门有很多鼓励创业的政策，是对大学生创业的鼓励和支持，创业时一定要“用足”这些政策，如免税优惠、在某地注册企业可享受比其他地区更优惠的税率等。这些政策可大大减少创业初期的成本，使创业风险大为降低。

5. 经商之道，以计为首。如果从表面上来看，所有商业经营活动都好像是一种仅仅同物质打交道的经营活动，但是，透过现象看本质，在今天的“食脑时代”里，商业经营活动实质上已经变成了一种人与人之间的智力角逐，是一场“斗智斗勇”的“智力游戏”，是人与人之间的谋略大比试。因此，正如古代军事家所说的“用兵之道，以计为首”一样，经商之道也应该以计为首。面对激烈的市场竞争，你想要找准自己的立足点和切入点、站稳脚跟、生存下来、谋取利益、发展壮大，就必须首先考虑如何运用自己的商业智慧制定全面系统的、可执行的、可操作的和切实有效的经营策略和实施方案，以便确保每战必捷，战无不胜。

6. 决策失误时，不要对失误过于敏感，你的失误会带来直接后果，如发错货可能致使一个客户立刻与你断绝关系。作为企业家，冒风险时，要谨而慎之。如果出现失误，不要过于敏感。接受事实，从中吸取教训。

7. 不要被胜利冲昏头脑。你第一步的成功全靠你的创意好、时机合适、运气不错和良好的业务关系。不过，这一切随时都可能离你而去。因此，不要太过自信，投入过量的资金会使自己陷入泥沼之中。

# 项目四
# 厚积薄发——设计师

## 项目背景

经过两年的刻苦学习和锻炼，小哲已经完全具备了设计师的综合技能，他认真的工作态度和积极向上的热情，得到了公司的重视，公司破格升小哲为设计师，管理自己的设计小团队，开始了他真正的设计之路。

小哲始终保持一颗谦虚好学的心，时常向其他老设计师和设计部主管请教，设计部主管告诉了他设计师的基本工作流程。让我们一起来看一下吧。

测试卷（四）

## 工作步骤

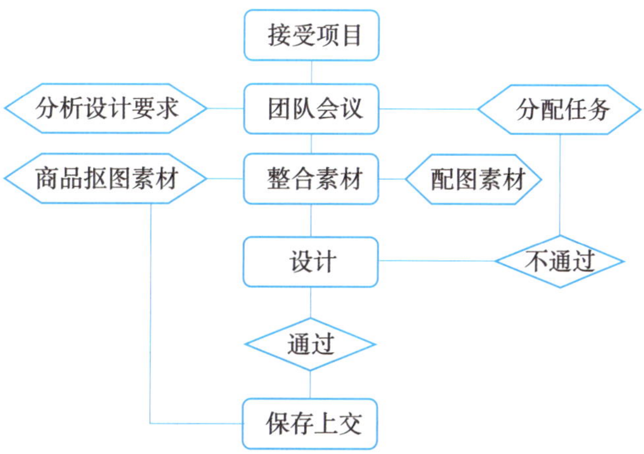


1. 接受设计部主管分配的项目
2. 召开团队会议，分析设计要求和分配工作任务
3. 安排其他部门和设计师助理制作商品抠图素材和配图
4. 制作设计方案
5. 完成后如设计师满意便上交，如不满意再继续修改
6. 保存上交

## 思维导图

- PS设计常用的网站
  - 平面设计
    - 平面必看
    - 中国平面设计在线
    - 3视觉
    - 数码资源网
    - 黑秀网
  - 创意设计
    - 创意百科
    - 中国艺术设计联盟网
    - 创意酷
    - 设计2点半
    - 冰激凌
  - PS教程
    - 小技巧
    - PS联盟
    - PS爱好者
    - PS高级教程
  - 包装设计
    - 包装必看
    - 中国包装设计网
    - 包装设计欣赏
  - 设计综合
    - 中国设计之窗
    - 创意在线
    - 网页设计师联盟
    - 站酷
  - 字体下载
    - UX图标下载
    - 优秀英文字体
    - 字体下载
    - 站长字体
  - 优秀店铺
    - 妖精的口袋旗舰店
    - 三只松鼠旗舰店
    - 贝拉米海外旗舰店
    - 韩束卡卡旗舰店
    - 林氏木业家具旗舰店
  - 素材网站
    - 我图网
    - 千图网
    - 酷素材
    - 昵图网
    - 站长素材

# 任务一 办公用品主图设计

## 任务背景

小哲刚上任设计师一职不久，公司就分配给他某公司的办公收纳盒店铺主图设计业务。小哲对这类设计还有点把握不好，便向其他设计师请教，热心的设计师教他如何正确地把握设计要求、配色、配图等，小哲茅塞顿开，便准备开工。让我们一起来看看他是怎么做的吧。

## 任务要求

根据设计要求，给收纳盒设计店铺主图，效果如图 4-1-1 所示。

微课视频

图 4-1-1 店铺主图效果图

## 任务分析

1. 分析设计要求和产品图片，我们发现产品由__________、__________、__________和__________四种颜色组成，所以我们可以选择这四种颜色的其中一种来当作背景色调。

2. 根据设计要求，文字要突出，价格明显，所以我们用红色制作产品信息文字。

## 任务实施

（1）启动 Adobe Photoshop CC，新建像素为 800×800 的文档，分辨率为 300，设置“渐变工具”—“对称渐变”，颜色从深蓝到淡蓝到深蓝，如图 4-1-2 所示。

图 4-1-2　渐变工具渐变颜色

> **想一想**
>
> 在调节字体大小时，用什么方法可以更加快速地调节出所需要的字体大小？

（2）在画布上用“横排文字工具”键入“80”，选择红色、华文行楷，然后按 Ctrl+T 调出“自由变换”把字体变正，如图 4-1-3 所示。

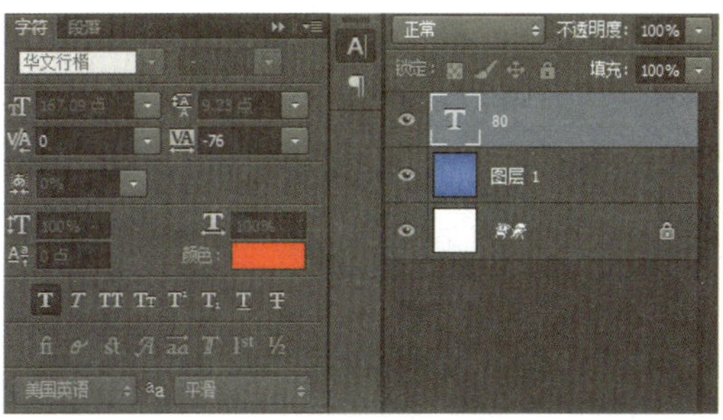


图 4-1-3　自由变换文字

> **小提示**
>
> “自由变换”可调节字体的大小，使用快捷键 Ctrl+T 更加快速。

（3）选择“横排文字工具”，键入“原价：100 元”，新建图层，用“画笔”在文字上画出一条细线，按 Ctrl+T 调出“自由变换”把细线旋转 45 度，放在文字上方，用“圆角矩形工具”画出一个半径为 10 像素的矩形，填充红色，用“横排文字工具”键入“感恩促销”，设置为华文行魏、白色，如图 4-1-4 所示。

图 4-1-4　制作文字图案

（4）用“钢笔工具”勾出一个梯形，填充白色，“描边”属性中“渐变”设置为红绿，大小为 6 像素，如图 4-1-5 所示。

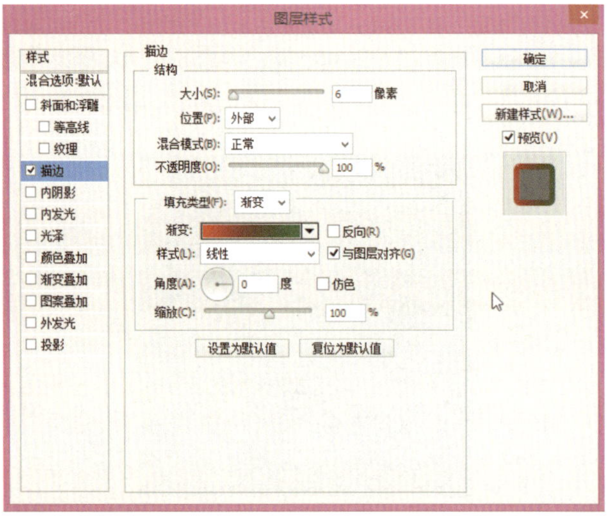


图 4-1-5　画出文体的底色

**职场箴言**

种瓜得瓜，种豆得豆。兼听则明，偏听则暗。

（5）用“画笔工具”调出硬度 100%、大小 50 像素、间距 150%，“形状动态”大小抖动 100%，在画布上画出一些圆，把不透明度改成 23% 左右，如图 4-1-6 所示。

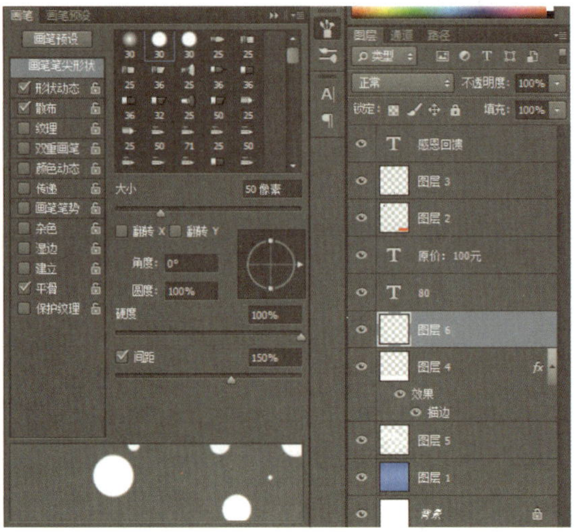


图 4-1-6　画笔的利用

**想一想**

如何快速填充前景色？

（6）选择“自定义形状工具”，在画布上画一个合适大小的圆，用设置“渐变工具”—“径向渐变”，颜色从红色到黑色，从圆的中心向右下角拉，如图 4-1-7 所示。

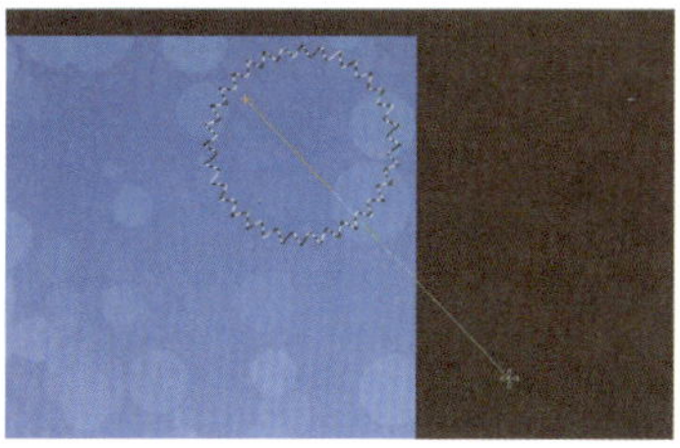

图 4-1-7　自定义图案

> **小提示**
>
> 利用快捷键 Alt+Delete 可填充前景色。

（7）在刚才的自定义图案中，用“横排文字工具”打出“BIG SALE”的黑体、白色的字体，按 Ctrl+T 调出“自由变换”把字体旋转一定角度，如图 4-1-8 所示。

图 4-1-8　横排文字工具

（8）插入已经抠好的收纳盒图放在图中间的位置，可以根据需要加一些混装选项。最终效果如图 4-1-1 所示。

## 知识储备

1. 熟练使用图层样式中的所有效果。
2. 熟练使用色彩搭配和渐变工具。

> **职场箴言**
>
> 不论将来达到多么的辉煌的顶点，决不能把自己的才能当成商品。

## 任务结语

小哲很快就制作出了满意的效果，颜色搭配和谐，商品主题突出。让我们一起来做做看吧。

**创业之路**

**团队的作用**

创业过程中，一个好的团队是不可缺少的。创业如同拔河比赛，人心齐，泰山移；创业如同赛龙舟，步调一致，才能独占鳌头。“宁要一流的人才和二流的项目，也不要一流的项目和二流的人才”是创业投资家的箴言。

**职场箴言**

内容丰富的言辞就像闪闪发光的珠子。真正聪明睿智的是言辞简短的。

# 任务二 金属贵重商品主图设计

## 任务背景

公司接到了某珠宝厂商的拍摄处理业务，小哲分到了钻戒商品主图设计任务。小哲分析了设计要求，到网上找了一些素材，形成了风格简单大气的设计思路。让我们一起来看看小哲是怎么设计图片的吧。

微课视频

## 任务要求

利用创新设计与素材搭配的方法，将拍摄的钻戒图片设计制作成如图 4-2-1 所示效果。

**想一想**

对于金属物品，该如何拍摄？

**小提示**

拍摄时应注意金属物品会反光。

图 4-2-1 钻戒设计效果图

## 任务分析

结合商品特性分析设计要求，商品为贵金属类，品质高端，所以我们要使用暗色调作为背景和配图设计色调。

## 任务实施

（1）启动 Adobe Photoshop CS6，新建像素为 1 200 × 1 200 的文档。按 Ctrl+R 拉出“标尺”，选择“矩形选框工具”，将画布左半部分填充为黑色，如图 4-2-2 所示。

图 4-2-2　填充前景色

**想一想**

每个工具所对应的快捷键字母是什么？

（2）打开素材“花纹”，移动至黑色背景，按 Ctrl+T 进行“自由变换”，调整至适当位置，如图 4-2-3 所示。

图 4-2-3　自由变换素材 1

**小提示**

工具栏上出现的字母就是它的快捷键。

（3）选择花纹背景层，按 Ctrl+Alt+T 复制并变换，右击选择“水平翻转”，调整至两边图像对称，如图 4-2-4 所示。

图 4-2-4　自由变换素材 2

**职场箴言**

道德是永存的，而财富每天都在更换主人。

（4）打开商品图片“钻戒”，按 Ctrl+T 调整至图片中央位置。按 Ctrl+Alt+T 复制并变换，右击选择“垂直翻转”，将复制层拖至原图层下方制作倒影，如图 4-2-5、图 4-2-6 所示。

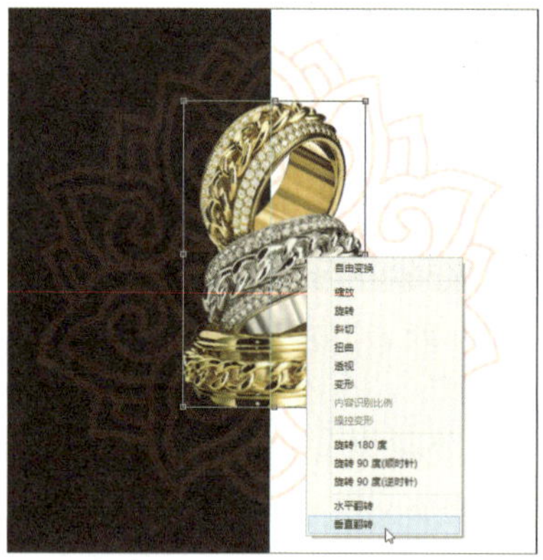

图 4-2-5　垂直翻转

**想一想**

快速调节图像透明度的方法是什么？

图 4-2-6　做倒影

**小提示**

在选择当前图层的情况下，直接按数字可调节图层透明度。

（5）选择“橡皮擦”工具，透明度调为 50%，硬度为 0%，在倒影层的下方进行擦除，如图 4-2-7 所示。

图 4-2-7　橡皮擦擦除倒影效果

**职场箴言**

你若正直，不要怕人诽谤。

（6）把“橡皮擦”工具透明度调小，并轻轻擦出倒影过渡效果，如图 4-2-8 所示。

图 4-2-8　橡皮擦擦除制作过渡效果

**想一想**

制作倒影最重要的是什么？

（7）选择“矩形选框”工具，框出如图 4-2-9 所示大小，右击调出“羽化半径”设为 20 像素，“透明度”改为 50%，填充白色。按 Ctrl+J 复制一层，修改透明度达到如图 4-2-9 所示效果。

图 4-2-9　添加高光

**小提示**

制作倒影最重要的是调节透明度。

（8）加入素材文字，按 Ctrl+T 进行“自由变换”，并按住 Shift 进行调整。把文字与左边和下边页面的边距调整为相同，如图 4-2-10 所示。

**职场箴言**

人在智慧上应当是明豁的，道德上应该是清白的，身体上应该是洁净的。

图 4-2-10　加入素材文字

（9）打开晶体状背景素材，移动至白色背景。最终效果如图 4-2-1 所示。

## 知识储备

熟练运用自由变换和调整透明度来设计图片。

## 任务结语

通过学习，小哲掌握了贵重金属商品主图设计，能熟练地应用各种调整图片的工具，完成了工作任务。

## 创业之路

### 创业者与人才引进

在个人创业的起步阶段，创业者要么是一个人单枪匹马开创自己的创业之路，要么联合几位朋友集体合作，形成团队，共同发展。但是，在个人创业高达 85％的失败案例中，单枪匹马上阵的创业很容易因为势单力薄而中枪落马，而集体合作的创业团队往往又因为内部矛盾摩擦及利益分配不均而导致解体。在创业者的人员合作问题上，如何来避免此类问题的发生呢？

1. 确立新世纪人才的新理念。应确立人才是第一资源的理念、人才“社会化”的理念、人才配置市场化的理念、人才有“价”的理念、人才资源开发应加大投入的理念、人才机制竞争的理念等。把人放在第一位：“以人为本，尊重人才，重视人才”。

2. 从创业人才的知识结构方面看，创业人才不但要具有主打产品、拳头项目的专业知识，还要有企业经营管理以及法律等方面的知识。随着创业重点的转移，必须进行知识更新和及时、科学的调整。否则，极易发展成为创业过程的瓶颈。

3. 从创业人才的能力结构方面看，创业人才不但要具有经营管理企业的能力，联系社会、沟通用户的交往能力，研究、创新、学习的能力，还要有分析理解世界或国家经济发展走势的能力。

## 任务三　食品类商品主图设计

### 任务背景

公司给小哲分配了某红酒公司葡萄酒的设计任务。小哲分析了商家的设计要求，然后到网上找了葡萄园、葡萄叶等素材，制作了一幅简洁美观的作品。让我们一起来看看小哲是怎么设计的吧。

微课视频

### 任务要求

根据设计要求，设计制作暖色调的红酒主图，效果如图 4-3-1 所示。

图 4-3-1　红酒主图效果图

**想一想**

如何调节暖色调的红酒图像？

**小提示**

颜色是设计图片最重要的因素之一。

## 任务分析

1. 分析设计要求和商品实物，可得出使用颜色应为亮色或暖色调。
2. 要突显商品信息文字，主色为红色。

## 任务实施

（1）启动 Adobe Photoshop CC，新建像素为 800×800 的文档。新建图层，“填充”淡粉色“ffd1d2”。新建图层，“填充”黄色“fdff25”，如图 4-3-2 所示。

**职场箴言**

决心攀登高峰的人，总能找到道路。

**想一想**

填充背景色的快捷键是什么？

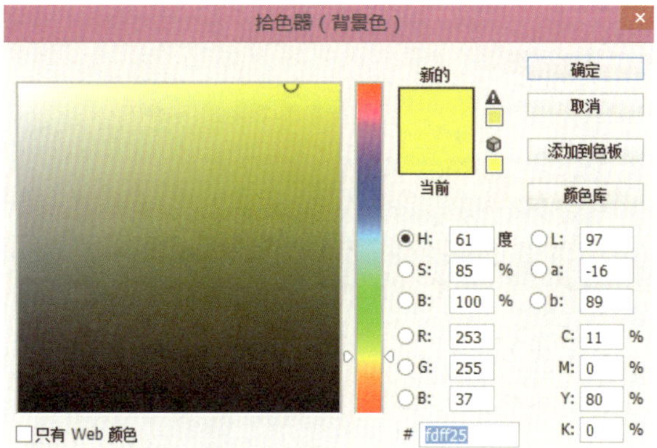


图 4-3-2　填充颜色制作背景

（2）对黄色图层执行“滤镜”—“渲染”—“云彩”。选择“图层”面板下方的“添加图层蒙版”按钮，选择“画笔工具”，硬度为 0%，在蒙版上遮盖后留下左上角部分，如图 4-3-3 所示。

**小提示**

填充背景色的快捷键是 Ctrl+Delete。

**小提示**

使用滤镜可以达到一些极佳的效果。

图 4-3-3　云彩滤镜制作天空效果

（3）打开素材图“草原”，添加“图层蒙版”，选择“画笔工具”将草原的天空部分擦出渐隐效果，如图 4-3-4 所示，调整到适当位置。

图 4-3-4　蒙版使素材融合背景

**职场箴言**

自信自强是工作中很重要的一个因素。

（4）打开素材图“叶子”，移动至左上角，如图 4-3-5 所示。

图 4-3-5　添加素材图“叶子”

**想一想**

打开素材更加快捷的方式是什么？

（5）打开素材图“袋子”，选择“图层样式”中的“投影”命令，设置如图 4-3-6 所示。

**小提示**

熟悉图层样式中的基本方式将有助于处理图形。

**职场箴言**

在工作中，我们必须只对事、不对人。

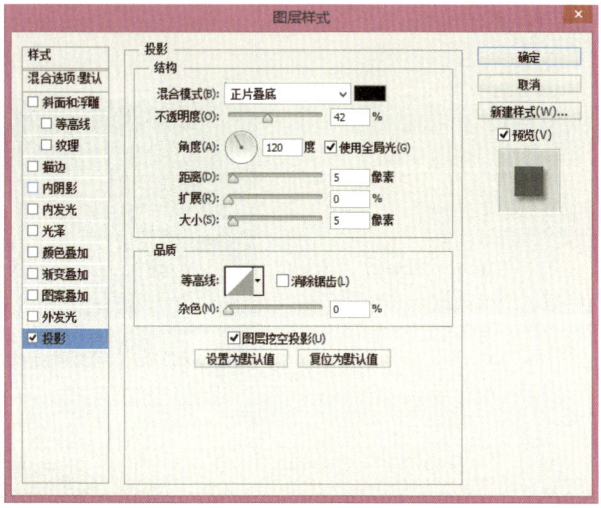

图 4-3-6　袋子图层样式投影效果

（6）打开素材图“红酒”，将袋子图层的“图层样式”投影效果复制到红酒图层，如图 4-3-7 所示。

**想一想**

投影的快捷方式及效果是什么？

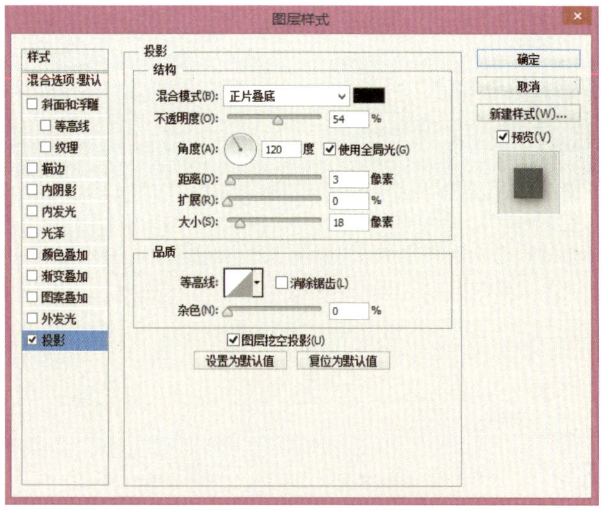

图 4-3-7　红酒图层样式投影效果

（7）选择“横排文字工具”键入以下文字，字体均为方正大黑简体，如图 4-3-8 所示：

1）法国原瓶进口：51 点，棕色（902a04）；

2）“正品保障”：44 点，棕色（902a04）；

3）￥送礼品袋：46 点，白色（ffffff）；

**小提示**

准确、快速地输入颜色色标有助于提高操作速度。

4）48：110 点，白色（ffffff）；

5）清仓秒杀：69 点，深粉色（f8214d）。

图 4-3-8　键入文字

（8）运用“窗口”—“字符”—，将“¥48 送礼品袋”字符间距设置为 90%，如图 4-3-9 所示。调整文字位置，使整张图片变得更加美观。

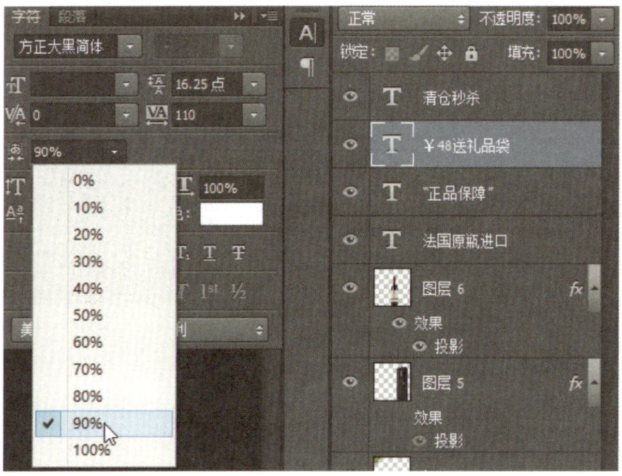


图 4-3-9　调整文字间距

**职场箴言**

要有诚信，不能失信于他人。

（9）在袋子图层下新建图层，选用“矩形选框工具”画出一个长方形，填充深粉色“f8214d”，如图 4-3-10 所示。

（10）打开素材“花纹”，将“花纹”复制一层，放在文字“法国原瓶进口”的上边与下边，如图 4-3-11 所示。最终效果如图 4-3-1 所示。

图 4-3-10　制作文字背景框

**小提示**

处理后的图片颜色及美观程度对商品有极大的影响。

图 4-3-11　插入花纹素材

**职场箴言**

无论在何时，忠心都很重要。

## 知识储备

1. 掌握云彩滤镜制作背景的技巧。
2. 运用好素材的合理搭配。

## 任务结语

小哲通过使用云彩滤镜和图层蒙版，很快就按照要求将图片制作了出来。让我们一起按照他的方法来制作一下吧。

## 创业之路

### 老板与员工

在个人创业的初始阶段，一定要具有群做群分的意识。这里所指的群做群分，就是指创业主导者寻找一些志同道合的人来合作，还要做到清晰且无争议的利益分配。

# 任务四　数码产品主图设计

## 任务背景

公司接了某数码店销售的数码产品拍摄处理业务。小哲分到了游戏鼠标的主图制作任务，他根据设计方案要求，到网上找了一些素材，制作出一幅高端、大气的商品主图。让我们一起来看看小哲是怎么设计的吧。

## 任务要求

根据设计要求，设计鼠标主图，体现高端、大气，效果如图 4-4-1 所示。

图 4-4-1　鼠标主图效果图

**想一想**

如何使商品体现出高端、大气？

**小提示**

通过颜色、字体等进行相关调节。

## 任务分析

分析设计要求，从网上找蓝色圆形光束素材，配上突显的文字。

## 任务实施

（1）启动 Adobe Photoshop CC，新建像素为 800×800 的文档，填充背景颜色为黑色。新建一个图层，将素材“蓝色光束”打开移动至背景，调整至中间位置，如图 4-4-2 所示。

**想一想**

快速插入素材的方法是什么？

**小提示**

应注意调整素材角度及位置关系。

图 4-4-2　插入素材

（2）打开产品图片“鼠标”，将鼠标移动至光束中间位置，如图 4-4-3 所示。

**职场箴言**

尽管行业不同，天才的品德并无分别。

图 4-4-3　插入鼠标

（3）按 Ctrl+J 将鼠标图层复制一层，将复制层的“图层样式”调为“外发光”，“混合模式”为“滤色”，“不透明度”为 16%，“杂色”为 10%，“扩展”为 0%，“大小”为 204 像素，“范围”为 50%，如图 4-4-4 所示。

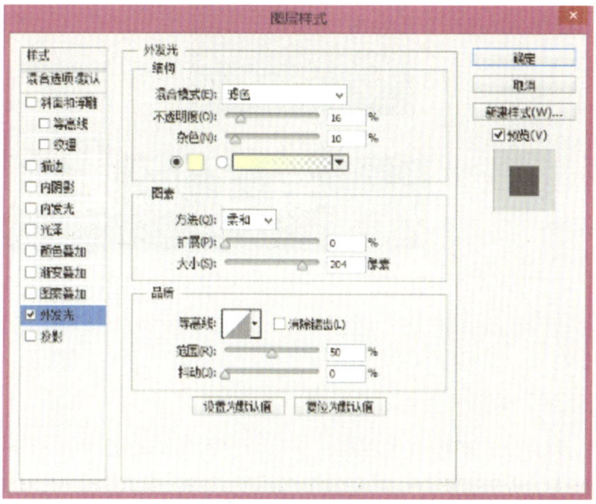


图 4-4-4　调节鼠标图层外发光样式

（4）选择“横排文字工具”键入“usb 光电鼠标有了它更顺畅”的文字，可根据需求调节字体的形式，如图 4-4-5 所示。

图 4-4-5　添加指定文字

**想一想**

前景色与背景色本质上有什么区别？

（5）新建图层，利用“多边形套索工具”在图层右下角画一个正三角形，“填充”为正红色，如图 4-4-6 所示。

> **小提示**
>
> 同样的工具有着不同的使用方法。

图 4-4-6　多边形工具制作三角形

（6）在上述的正三角形中，添加文字“包邮”，调节字体大小时可使用“自由变换”，方便快捷，如图 4-4-7 所示。

图 4-4-7　添加包邮文字

（7）新建图层，使用“矩形选框工具”画出一个长方形，“填充”为红色，如图 4-4-8 所示。

（8）新建图层，用“选框工具”画出一个长条状的图形，“填充”颜色为“990e15”。再用“矩形选框”新建一个长条状的图形，“填充”颜色为“ff0000”，如图 4-4-9 所示。

（9）新建图层，用“多边形套索”画出一个三角形，选择“渐变工具”填充颜色，色标为“ed2e2e-990e15”，如图 4-4-10 所示。加渐变色，效果如图 4-4-11 所示。

图 4-4-8　制作红色长方形

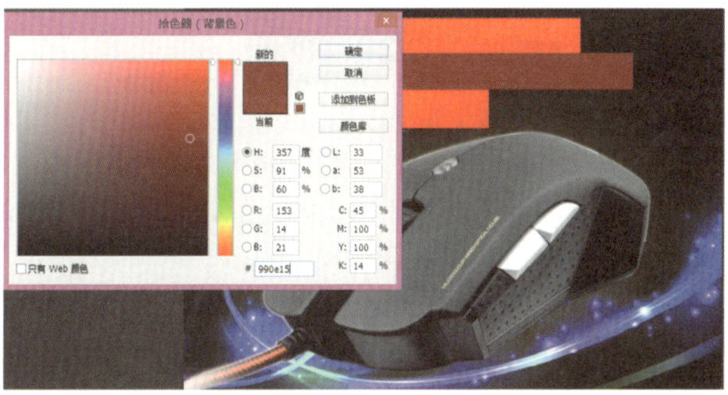

图 4-4-9　填充长条状图形颜色

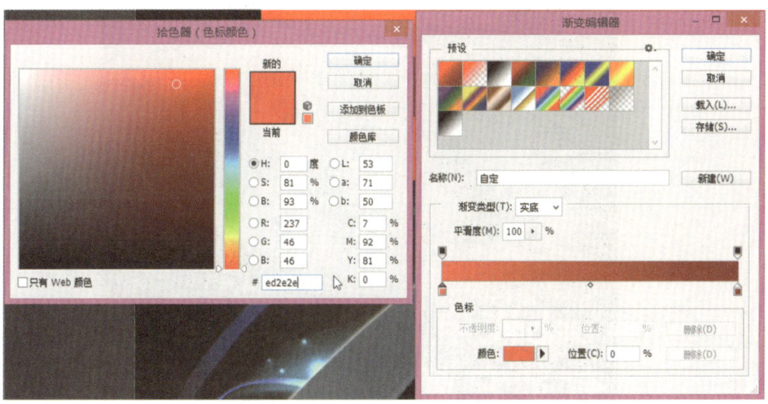


图 4-4-10　调节渐变颜色

**想一想**

如何调节渐变颜色可以使其更加自然？

**小提示**

要使渐变比较自然，需要进行颜色之间的过渡。

**想一想**

如何利用普通的形状做出立体效果？

**小提示**

“渐变工具”可做出立体效果。

图 4-4-11　填充渐变颜色

（10）采用上述相同的方法，做一个倒三角形的形状，填充颜色为“cc0e11”，如图 4-4-12 所示。

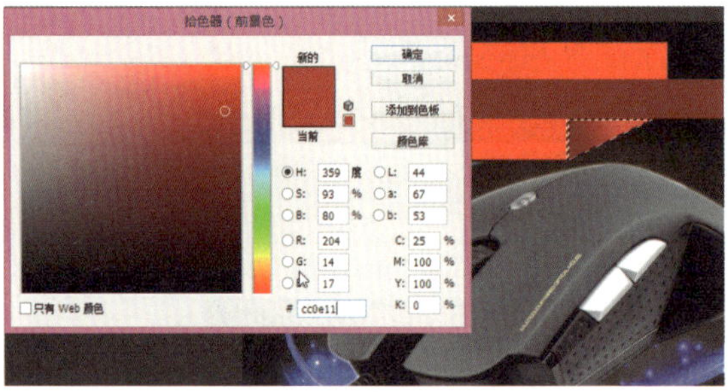

图 4-4-12　填充倒三角形颜色

（11）将字体添加至上述长方形中，分别添加“USB 专业游戏鼠标”“三档调速 包邮还有好礼”以及“促销价：49 元”。字体大小及形式可根据个人喜好进行调节，可使用“自由变换”使文字与图片更加协调，如图 4-4-13 所示。

**想一想**

调节文字大小有哪些更快捷的方法？

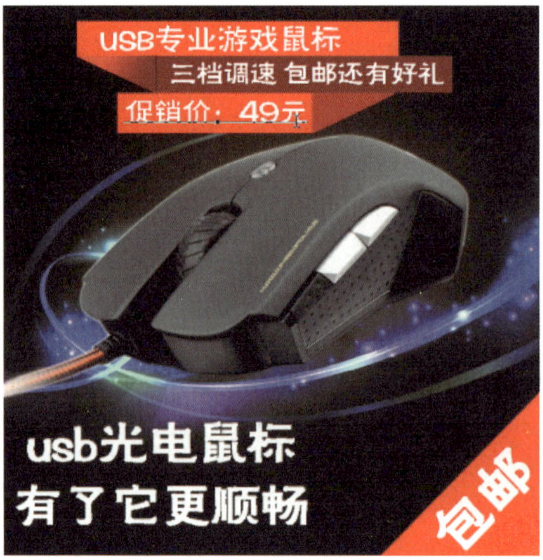


图 4-4-13　添加字体效果

（12）“保存”所做的内容，先保存一份 psd 格式，再保存一份 jpg 格式，将品质调为最佳。完成最终效果的制作。

## 知识储备

1. 巧妙运用网上的素材进行搭配。
2. 掌握简单的文字效果设计技巧。

## 任务结语

小哲通过素材的搭配、简单的设计，很快就把鼠标主图设计好了。大家是不是觉得很漂亮呢？那就让我们一起来做做看吧。

## 创业之路

### 创业成功的要素

一个人要成功的话，一定要找到自己最想做的事，当然这也是他最能干的事，这样就能够每天都很有劲头地去工作，也容易成功。

一般来讲，成功的企业都是集中于某一领域、某一产品，采用专业化的策略，走又专又精的路线，生产的产品也很有特色。这就要求企业客观分析市场需求，了解某一类型产品市场需求的差异性。企业对不同层面的需求要进行细分，然后根据自身的特点，选择进行哪一档次产品的生产，同时注意围绕客户的需求，做好自己的产品，包括产品的性能、包装的样式等。

一般成功企业具有经营灵活、创新性强等特点，因此创业者也要注意控制规模、规避风险，灵活经营自己的产品，保持技术和组织结构即经营组织形式等方面的创新。

一般成功企业具有很强的诚信度，因此诚信策略也是创业成功的重要因素。要对客户、供应商、代理商等外部人员讲诚信，做生意最重信誉，声誉好就能揽住生意，牌子硬客户会主动上门。

# 任务五 沐浴套装主图设计

## 任务背景

小哲今天分配到了一个沐浴套装的图片设计任务，他分析了商品颜色，确定了背景色设计的主色调，并注重对商品促销信息的美化和突出。让我们一起来看看小哲是怎么设计的吧。

## 任务要求

根据设计要求，突出“6 折”等促销信息，效果如图 4-5-1 所示。

**想一想**

如何在图中突出“6 折”等促销信息？

**小提示**

通过颜色、字体大小调节突出相关信息。

图 4-5-1　效果图

## 任务分析

1. 分析商品色彩可得，商品色彩包括__________、__________、__________三个颜色，所以我们在设计背景颜色的时候，色彩必须接近商品色调。

2. 为了突出“6 折”信息，可通过调节图层样式来增强它的立体感，使其更加显眼。

## 任务实施

（1）启动 Adobe Photoshop CC，新建像素为 800×800 的文档，如图 4-5-2 所示。按 Ctrl+R 调出参考标尺，拉出辅助线，居中，成直角坐标。

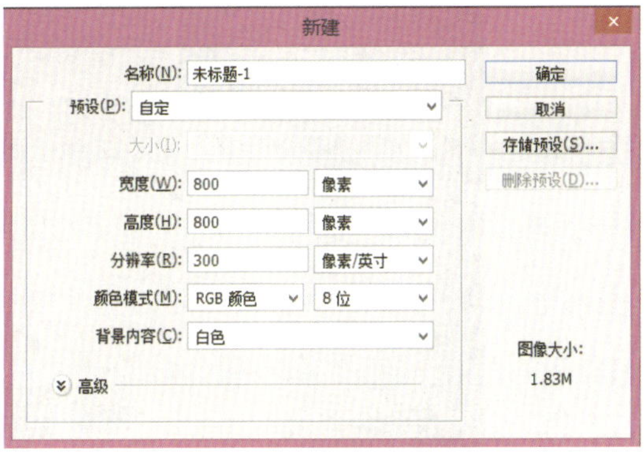


图 4-5-2　创建新文档

（2）新建图层，用"渐变工具"在画布中心点出，按住 Shift 拉到左上角，"径向渐变"填充"F4C000-C08700-693000-2A0700"，如图 4-5-3 所示。

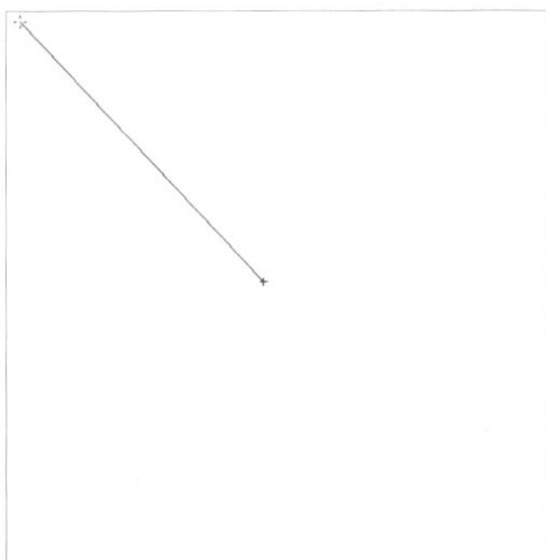

图 4-5-3　拉出渐变颜色

（3）按 Ctrl+R 调出参考标尺，拉出辅助线坐标，如图 4-5-4 所示。

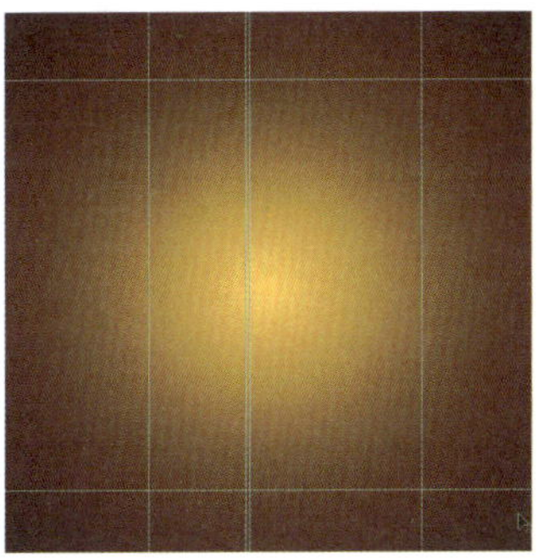

图 4-5-4　拉出参考标尺

**职场箴言**

每一个行业，都有各自的道德。

（4）把商品素材加入标尺中，位置对齐，尽量把商品放在画布的中心位置，如图4-5-5所示。

> **想一想**
>
> 隐藏参考线的快捷键是什么？

图 4-5-5　加入素材

（5）把商品 logo 素材加入刚才制作的图像中，放在左上角，加一点高光和亮色度，如图 4-5-6 所示。

> **小提示**
>
> 使用参考线有助于图像的处理。

图 4-5-6　加入 logo

（6）用“椭圆选区工具”画出一个正圆，填充为棕色“9b551b”，放在左上角，然后画出不同大小的圆，依次排序，摆出不同的造型，如图 4-5-7 所示。

（7）调节圆形的透明度，形成不同的层次感，透明度可设置为 10% ～ 38%，如图4-5-8 所示。

图 4-5-7　添加圆形背景

**职场箴言**

责任是动力。在社会中，每个人都扮演一定的角色。

图 4-5-8　调节圆形的透明度和层次

（8）把前景色改成暗黄色，背景色改成淡黄色，用“滤镜”—“渲染”—“云彩”，按 Ctrl+J 复制一层，把“混合模式”改成“叠加”，按 Ctrl+J 复制一层，把“混合模式”改成“滤色”，如图 4-5-9 所示。

（9）在“自定义形状工具”中选择一个封印图案，如 4-5-10 所示。把需要的部分用选区选出来，按 Ctrl+Shift+I 反选出这个形状，按 Delete 删去不用的部分，效果如图 4-5-11 所示。

图 4-5-9　云彩效果

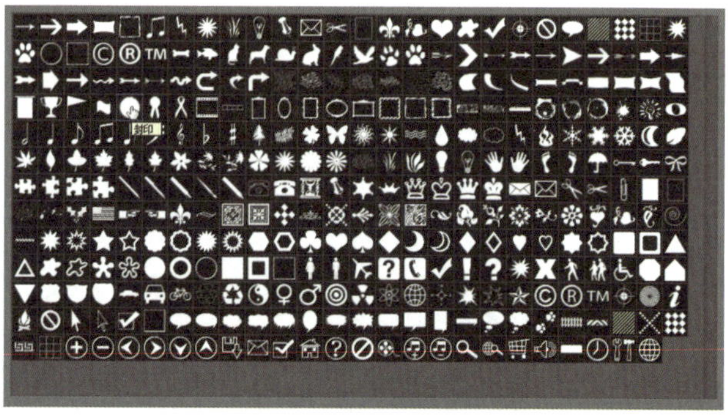

图 4-5-10　封印图案制作选区

**小提示**

在“自定义形状工具”中点击右侧三角形可追加更多图案。

图 4-5-11　自定义形状工具制作出所需要的形状

（10）用“钢笔工具”勾出不需要的部分，右击选择“建立图层选区”—“从选区中减去”，如图 4-5-12 所示。

图 4-5-12 建立高光选区

**职场箴言**

纵然存在一些缺点，仍有成功的机会。只要你肯承认自己的缺点，积极努力超越缺点，就可以把它转化为发展自己的机会。

（11）选择“渐变工具”—“径向渐变”，填充颜色从淡黄色到黄色，制作高光，如图 4-5-13 所示。

图 4-5-13 渐变工具制作高光效果

**想一想**

渐变颜色如何调节高光?

（12）选择“色相 / 饱和度”—“色彩平衡”，调整出所需要的颜色，如图 4-5-14、图 4-5-15 所示。

**小提示**

利用颜色与颜色之间的微小差距。

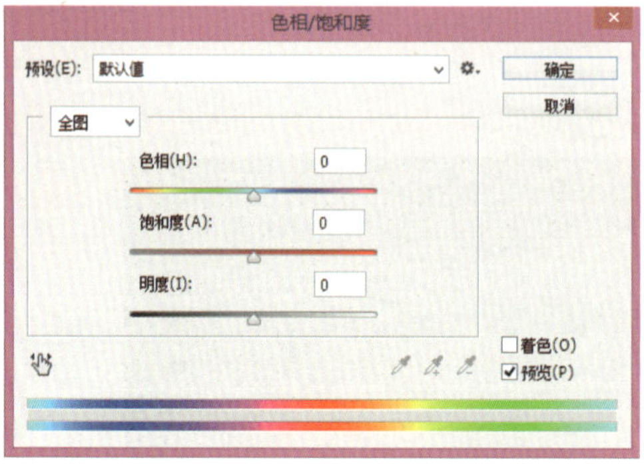


图 4-5-14 色相 / 饱和度调整颜色

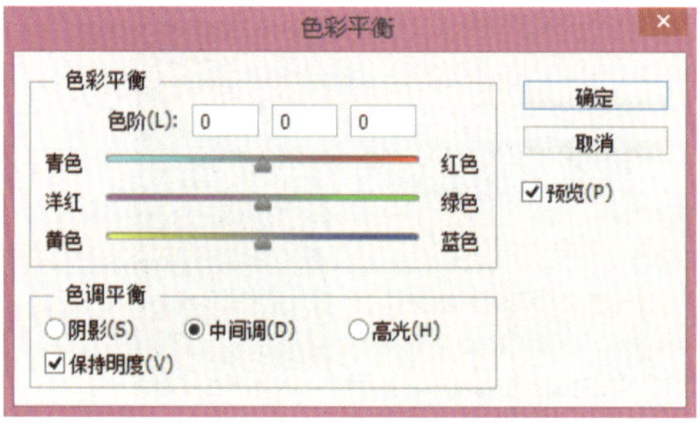


图 4-5-15 色彩平衡调整颜色

（13）在形状的中间用“横排文字工具”输入“6 折”，用“8a7816”颜色填充，按 Ctrl+J 复制一层，填充为白色，放在原图的下面，向左下移动一个单位；用“横排文字工具”输入“中国首发”，黑体，用“72040c”颜色填充；用“横排文字工具”输入“限量体验”，黑体，填充为黑色。如图 4-5-16 所示。

**职场箴言**

将最阴湿、黑暗之角落的自卑感清除干净，然后再种植信心，并加以巩固。信心建立之后，新的机会才会随之而来。

图 4-5-16 字体排版

（14）用“椭圆选区工具”选出一个扁的椭圆形，如图 4-5-17 所示。右击调出“羽化半径”设为 2 像素，按 Ctrl+J 复制一层，按 Ctrl+T 旋转 90 度；再按 Ctrl+J 复制一层，按

Ctrl+T 旋转 45 度，效果如图 4-5-18 所示。

图 4-5-17 羽化椭圆选区制作闪光点

> **想一想**
>
> 快速调节图层样式的方法有哪些？

图 4-5-18 闪光点效果

> **小提示**
>
> 快捷键 fx 可快速调出图层样式面板。

（15）根据需求可以在图像上增加阴影、倒影、高光等设计手段，最终效果如图 4-5-1 所示。

## 知识储备

1. 熟练运用色彩搭配，分析主色调。
2. 掌握制作高光的思路和技巧。

## 任务结语

通过几次修改，小哲将折扣信息重点突出，加了闪光点，受到了客户的好评。让我们一起来做一下吧。

### 创业之路

#### 马云与阿里巴巴

马云，阿里巴巴创始人，被称为“创业教父”。曾经的创业艰辛、近日的荣耀辉煌，使得这位卓越的企业家身上光环萦绕。

阿里巴巴无疑是中国互联网史上的一次奇迹，这次奇迹是由马云和他的团队创造的。

阿里巴巴创业开始，18个人东拼西凑凑出来50万元，这是他们全部的家底。然而，马云却说出了这样的宣言：“我们要建成世界上最大的电子商务公司，要进入全球网站排名前十位！”

# 项目五
# 功成名就——设计部主管

## 项目背景

忙碌的时候时间总是过得很快，一晃眼，五年过去了，小哲积累了大量的设计经验和综合管理能力，具备了一个领导的综合素质。由于原设计部主管调离，公司经过董事会决定，升小哲为设计部主管，管理整个设计部。

训测试卷（五）

新官上任三把火，小哲组织了第一次部门会议，强调了设计部的工作流程以及对未来的展望，鼓励大家加油。

设计部主管一职的工作非常辛苦，除了跟普通设计师一样要承担工作以外，还要统筹整个设计部工作，审核设计师的作品，了解客户的设计要求。

## 工作步骤

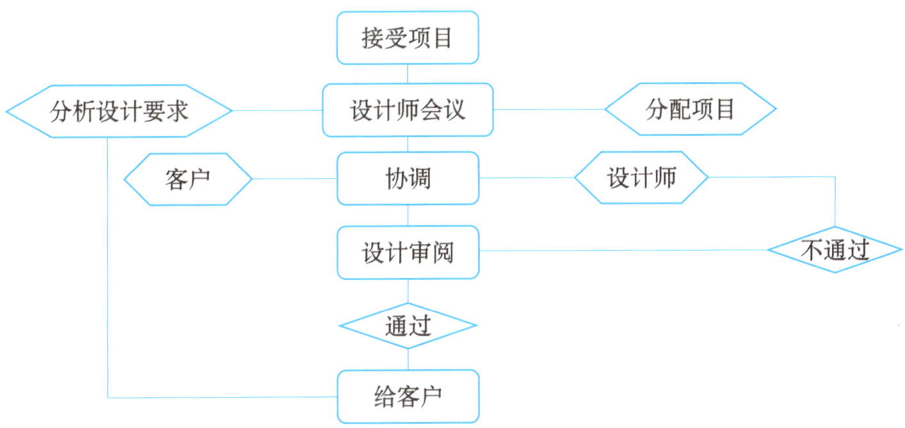


1. 接受公司业务
2. 召开设计师会议，讨论设计要求和制定设计方案，将项目分配到各个设计师
3. 协调客户需求与设计师创作之间的关系
4. 审阅设计师上交的作品，不合格的进行讨论修改，满意的给客户
5. 客户不满意就返回修改，满意便完成项目

## 思维导图

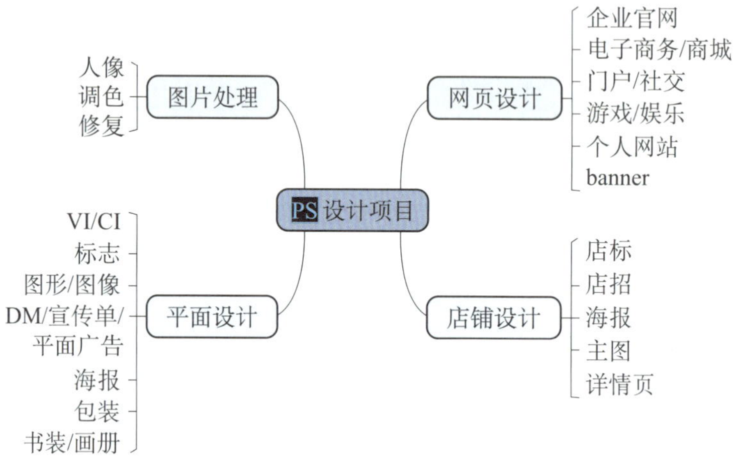


# 任务一 网页 logo 设计

## 任务背景

公司接到了某学校电子商务实训平台的开发设计工作，设计部主要负责平台首页的设计，作为主管小哲要统筹好工作任务，还要负责网站 logo 的设计。让我们一起来看一下他是怎么设计的吧。

## 任务要求

根据设计方案要求，设计效果如图 5-1-1 所示。

图 5-1-1　网站标志设计效果图

## 任务分析

1. 根据设计要求，先设计左侧的标志。分析标志，主题为“E-business”中的 E，标志主要通过圆圈的叠加和渐变色体现效果。

2. 设计右侧字体，要求简洁、清亮，为单色添加高光和投影效果。

## 任务实施

（1）启动 Adobe Photoshop CC，新建像素为 800 × 800 的文档。按 Ctrl+R 调出参标尺，拉出辅助线居中成直角坐标，如图 5-1-2 所示。

图 5-1-2　标尺辅助作图

**小提示**

在新建图像时，要掌握好分辨率的大小。

**职场箴言**

商重利，勿忘义。

（2）新建图层，用“椭圆选区工具”在标尺中心点出，按住 Shift+Alt 画一个正圆，选择“径向渐变”，填充淡蓝色到蓝色渐变，如图 5-1-3 所示。

图 5-1-3　径向渐变制作光感效果

**想一想**

新建图层的快捷键是什么？

**想一想**

在画正圆时，Alt 的作用是什么？

（3）新建图层，用同样的方法，画出一个相对较小的正圆选区，选择“径向渐变”，填充两侧淡蓝色中间深蓝色渐变，如图 5-1-4、图 5-1-5 所示。

图 5-1-4　径向渐变设置

**职场箴言**

所谓圣者，须学以圣。

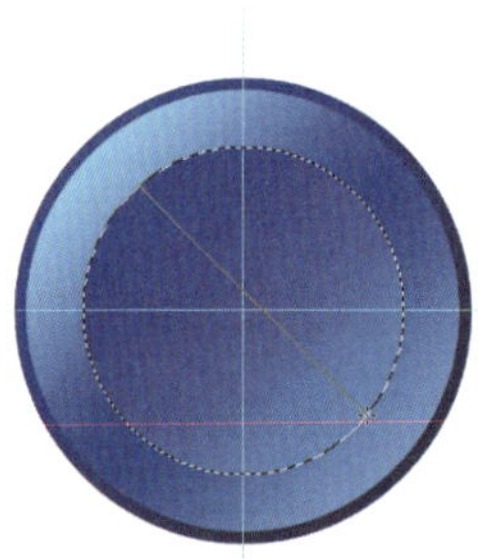

图 5-1-5　渐变制作立体效果

（4）点击菜单栏中的“选择”下拉菜单中的“变换选区”，将选区缩小一点，新建图层，选择“径向渐变”，填充蓝色到淡蓝色渐变，如图 5-1-6 所示。

**想一想**

变换选区的快捷键是什么？

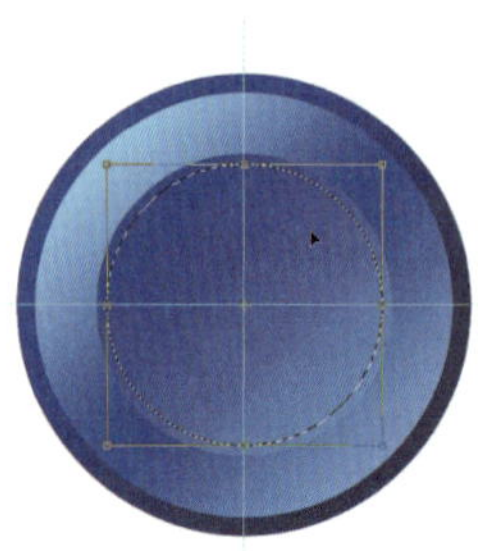

图 5-1-6　变换选区

（5）新建图层，用同样的方法，画出一个相对较小的正圆选区，选择“中心圆渐变”，填充白色到淡蓝色渐变，如图 5-1-7 所示。

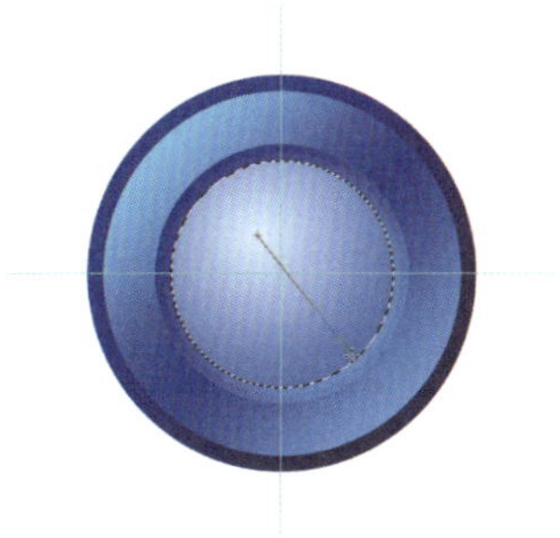

图 5-1-7　中心圆渐变

**小提示**

在“自由变换”时按住 Shift 可以使图形进行等比例变换，即图形不变形。

（6）用“矩形选框工具”通过选区加减运行规则制作 E 字形选区，填充深蓝色，如图 5-1-8 所示。

图 5-1-8　制作 E 字形选区

（7）点击“选择”菜单栏—“修改”—“收缩”，将值改成 3 像素，如图 5-1-9 所示。

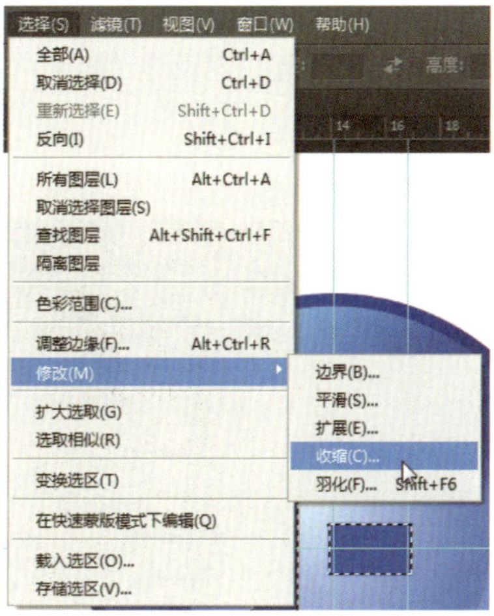


图 5-1-9　收缩选区

（8）新建图层，填充“背景色”为白色。用“钢笔工具”建立需要删除部分的选区，按 Delete 删除，如图 5-1-10 所示。

**小提示**

钢笔建立选区时，可单击鼠标右键，会弹出一个建立选区的窗口，在里面会有对选区的加减等内容。

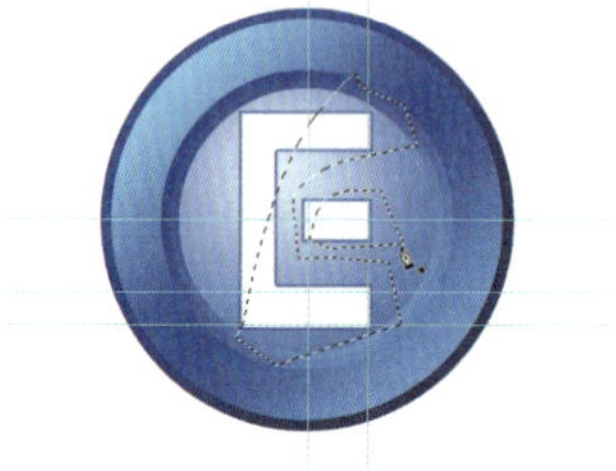

图 5-1-10 钢笔工具建立选区

（9）选择“载入选区”—“矩形选区工具”—“交叉”，选择右侧的小块，新建“通过剪切的图层”，如图 5-1-11 所示。

**职场箴言**

圣人之于天下，耻一物之不知。

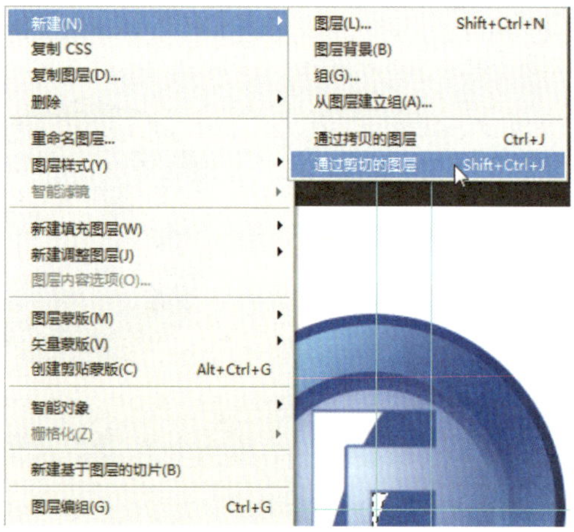


图 5-1-11 钢笔工具建立选区

（10）对图层 10 添加蒙版效果，选择黑白渐变，使用“径向渐变”制作高光效果，如图 5-1-12 所示。

图 5-1-12 图层 10 制作高光效果

（11）用同样的方法，对图层 11 制作高光效果，如图 5-1-13 所示。

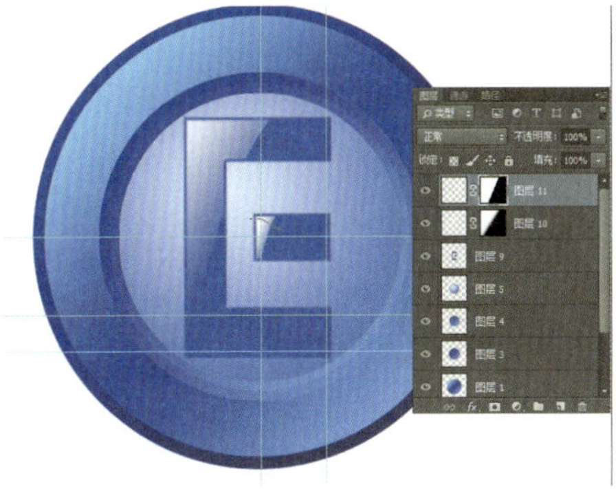

图 5-1-13　图层 11 制作高光效果

**小提示**

画笔的不同透明度可以做到不同的效果。

（12）“载入选区”图层 9，选择“画笔工具”，硬度为 0，大小为 150 像素，颜色为淡蓝色，透明度调成 20%，在 E 的横条上添加略微的亮光，如图 5-1-14 所示。按 Ctrl+Alt+Shift 盖印图层。

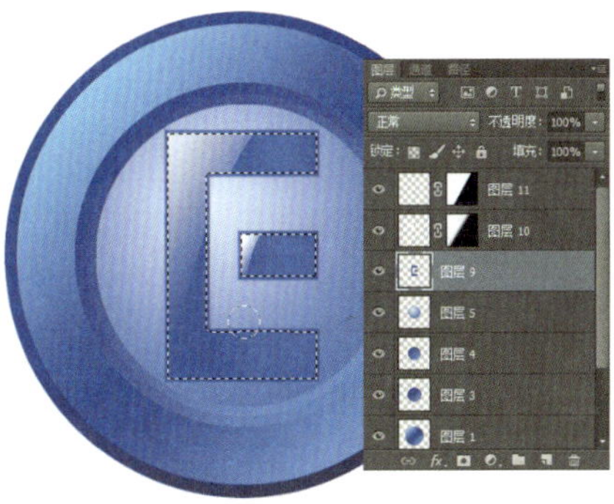

图 5-1-14　图层 9 添加亮光

（13）新建像素为 3 200 × 1 200 的文档，将盖印出来的标志复制到新建文档里，创建“电子商务实训平台”文字，如图 5-1-15 所示。

图 5-1-15　创建标志

**想一想**

用钢笔快速选取的方法是什么？

（14）将文字层“载入选区”，选择“椭圆选框工具”，添加“交叉”属性，建立文字高光部分选区，如图 5-1-16 所示。

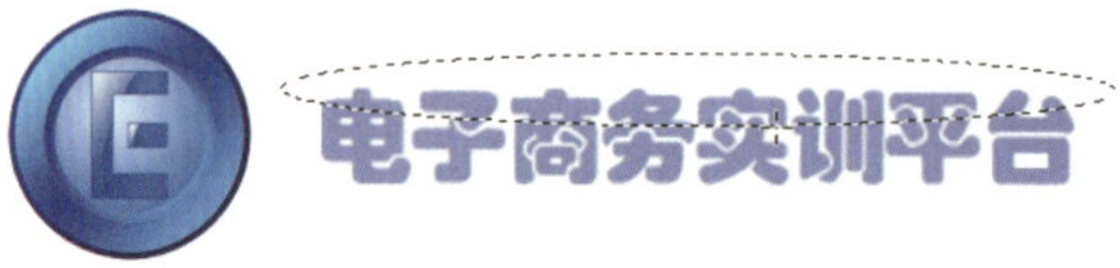


图 5-1-16　建立高光选区

（15）新建图层，将选区填充为白色，将图层透明度改成 50%，如图 5-1-17 所示。

**小提示**

“椭圆”工具的快捷键是 M。

图 5-1-17　制作高光效果

（16）将文字层按 Ctrl+Alt+T 复制并变化，鼠标右键选择“垂直翻转”将新图层拖动至下方，如图 5-1-18 所示。

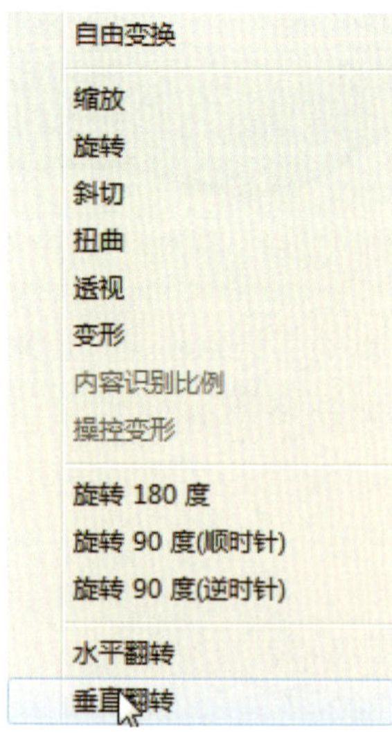


图 5-1-18　复制并变换

（17）点击新复制的图层“添加蒙版”按钮，选择黑白渐变进行“径向渐变”，制作阴影效果，如图 5-1-19 所示。最终效果如图 5-1-1 所示。

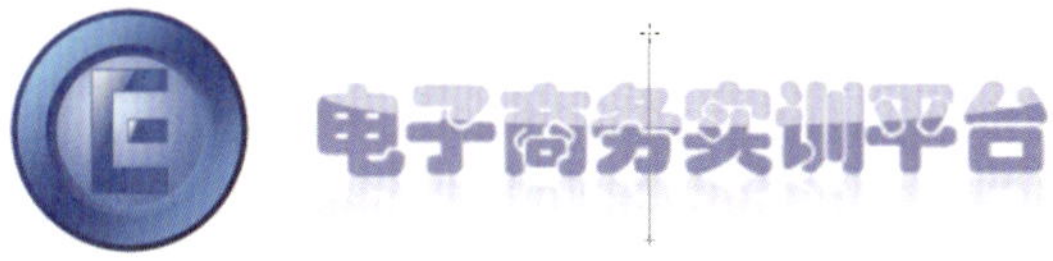


图 5-1-19　添加蒙版制作阴影效果

## 知识储备

熟练运用渐变功能来制作渐变效果。

> **小提示**
>
> 添加蒙版时，图层面板下面的第三个标志就是“添加蒙版”。

## 任务结语

通过学习，小哲掌握了网页 logo 设计技巧，能熟练地应用各种图层工具，完成了工作任务。

## 创业之路

### 创业需注意的问题

1. 在大学区域形成优势技术，或者产业集群。例如以江浙一带的板块经济为模板，最好专注于产业链的一部分。

2. 充分利用原生态技术成果和技术交易市场。一些发明狂人只是因为发明而发明，缺乏市场的知识，但是其发明具有重大市场价值，因此值得关注和引进。

3. 在专利与 know-how 之间的取舍。know-how 指的是技术诀窍。

4. 产品的系列专利注册和保护防御。比如，DELL 的主要产品是电脑，但是它有可能在其他不擅长的领域也注册同样的商标，因此，我们可以选择买进其商标使用权。

5. 挖掘失败专利的金矿或者到期的专利，到专利局咨询。

6. 不要在与原工作单位进行竞争时出现损害原单位的行为和不符合劳动法规定的情况。

# 任务二 店招设计

## 任务背景

公司接到某旅游网站制作业务，设计部负责网站的页面设计，小哲召开了设计师会议，进行了详细的工作分配，小哲则承担起了网站首页的设计。为此小哲做了很多功课，观摩了各大旅游网站，终于设计出一份样稿。小哲首先制作了网站的店招。让我们一起来看一下他是怎么做的吧。

## 任务要求

利用从网上找的素材，制作网站店招，效果如图 5-2-1 所示。

图 5-2-1　网站店招效果图

## 任务分析

1. 根据找来的素材“霞客故里”进行制作，改成绿色调。
2. 导入网上下载的漂亮的字体，进行文字设计。

## 任务实施

（1）启动 Adobe Photoshop CC，打开“小人”文件，用“快速选择”工具选择图中的人和四周的飘叶，如图 5-2-2 所示。

> **想一想**
>
> 还有什么方法可以抠出“小人”？

图 5-2-2　快速选择工具抠图

（2）按 Ctrl+J 复制一层，新建图层，填充绿色“#0b8a01”，将图层样式设置为“滤色”。按 Ctrl+Alt+Shift 盖印一层，回到图层 1，按 Ctrl 点击图层，得到“小人”选区，回到盖印图层，按 Ctrl+J 得到没有背景的绿色“小人”，如图 5-2-3 所示。

图 5-2-3　制作绿色效果

**职场箴言**

言语要谨慎，行动莫虚浮。

（3）新建像素为 1 200×100 的文档，将“小人”放在新建文件的最右边，输入以下文字：

1）徐霞客：文鼎新艺体简，46 点，绿色（#0b8a01）；

2）旅游网：方正经黑简体，30 点，橙色（# f88c06），将 VA 的参数调至 -100；

3）爱梦想去旅行：方正静蕾简体，15 点，灰色（# 8d8d8d）；

4）宁波出发：黑体，17 点，黑色（#000000）；

5）更多城市：黑体，13 点，灰色（# 8d8d8d），将 VA 的参数调至 -50。

在文字“更多城市”的右边用“多边形套索工具”绘制一个如图 5-2-4 所示的向下小箭头。

**想一想**

绘制小箭头除了用多边形套索工具，还可以用什么绘制呢？

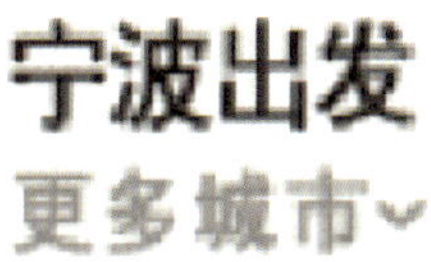


图 5-2-4　添加文字

**想一想**

除了用矩形选框工具，还可以用什么工具来绘制长方形呢？

（4）选择“矩形选框工具”绘制一个长方形，填充绿色“#8acc0a”，如图 5-2-5 所示。

图 5-2-5　矩形选框工具制作选区

**职场箴言**

人生的价值，以其人对于当代所做的工作为尺度。

（5）打开素材“蓝天”“房子”“人”，将素材“房子”选用“多边形套索工具”选择出，如图 5-2-6 所示。

图 5-2-6　多边形套索工具抠图合成

**想一想**

怎样才能使绘制出来的线条更加圆滑、美观呢？

（6）输入文字“白本护照”，方正喵呜体，27 点，白色“ffffff”，使用“自由变换”工具调整至如图 5-2-7 所示。

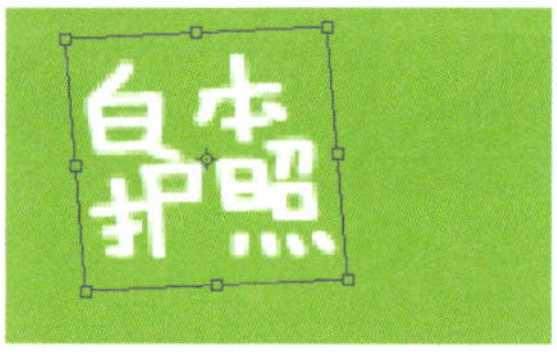


图 5-2-7　添加艺术文字

**小提示**

使用钢笔工具绘制两条不相连接的线条时，绘制第二条线只需要按住 Ctrl 在空白处单击一次即可。

（7）输入文字“说走就走”，方正喵呜体，47 点，白色“ffffff”，使用“多边形套索工具”和“钢笔工具”绘制出，如图 5-2-8 所示。

图 5-2-8　钢笔工具制作文字效果

（8）打开素材“电话”，使用“快速选择工具”抠出，拖入文档，按 Ctrl 单击图层，得到选区，填充红色“#dd0a0a”。使用“圆形选框工具”以“电话”中心为圆心画一个大于图像的圆，填充红色“#dd0a0a”，再次选用“圆形选框工具”，删除中间部分，只留下边缘，如图 5-2-9 所示。

图 5-2-9　圆形选框工具制作效果

（9）选用“多边形套索工具”将电话与圆圈连接起来，并将圆圈删去一点，如图 5-2-10 所示。

**想一想**

还有什么方法可以将电话与圆圈连接起来呢？

图 5-2-10　套索工具制作效果

**小提示**

套索工具组的快捷键是 L。

（10）输入文字“4000-365-666”，字体为 Brush Script MT，30 点，橙色（#ff912c）；“服务时间：8:30–17:30 周一至周日”，字体为黑体，12 点，灰色（#989797）。如图 5-2-11 所示。

图 5-2-11　添加文字信息

## 知识储备

1. 一个好的设计师会积累很多字体和素材。
2. 掌握和熟练运用图层蒙版。

## 任务结语

准备工作是做设计很重要的一步，在设计前要准备一些素材。小哲通过去网上寻找素材，将素材进行改进、组合，制作出一个漂亮的店招。让我们一起来做一做吧。

## 创业之路

### 俞敏洪语录

“人的一生是奋斗的一生，但是有的人一生过得很伟大，有的人一生过得很琐碎。如果我们有一个伟大的理想，有一颗善良的心，我们一定能把很多琐碎的日子堆砌起来，变成一个伟大的生命。但是如果你每天庸庸碌碌，没有理想，从此停止进步，那未来你一辈子的日子堆积起来将永远是一堆琐碎。”

# 任务三 海报设计

## 任务背景

公司接到某公司的玻璃清洁剂拍摄处理业务，小哲承担了海报设计，有经验的他通过分析产品特性，很快就做出了海报。让我们一起来看一下他是怎么做的吧。

> **想一想**
>
> 制作海报中最重要的是什么？

## 任务要求

制作一张海报，效果如图 5-3-1 所示。

图 5-3-1 玻璃清洁剂海报效果图

## 任务分析

1. 对商品图片使用色彩进行分析，可知商品主色调为__________和__________，所以在海报中最好使用这两种色调。

2. 用渐变圆形的缩小加深，体现海报主体。

## 任务实施

（1）启动 Adobe Photoshop CC，新建像素为 950× 400 的文档，分辨率为 72 像素，按 Ctrl+R 调出标志，拉出辅助线，如图 5-3-2 所示。

> **小提示**
>
> 在新建文档中，要注意颜色模式。

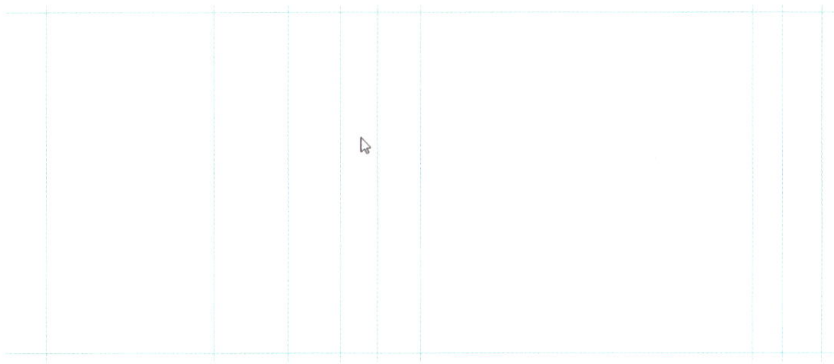

图 5-3-2　新建文档添加辅助线

（2）在画布上用“钢笔工具”勾出水滴的路径，选择“线性渐变”，填充淡蓝色到蓝色渐变，如图 5-3-3、图 5-3-4 所示。

**职场箴言**

一个人能力有大小，但只要有这点精神，就是一个高尚的人，一个纯粹的人，一个有道德的人，一个脱离了低级趣味的人，一个有益于人民的人。

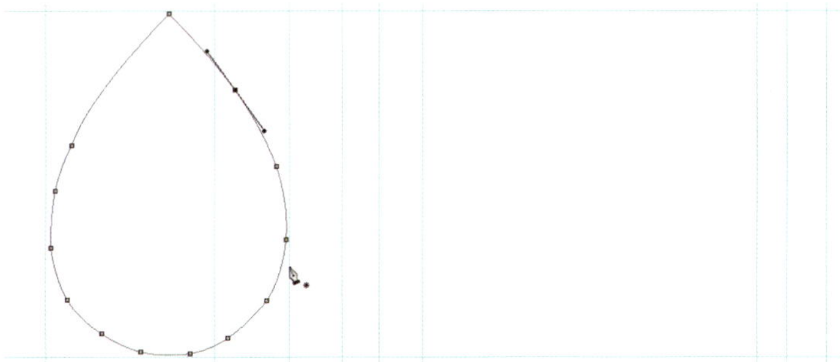

图 5-3-3　钢笔工具建立水滴路径

**想一想**

在使用钢笔时什么方法可以使得钢笔快速变成选取？

图 5-3-4　渐变工具填充颜色

（3）在画布上用“椭圆选框工具”画出一个正圆，填充淡蓝色（#e7f5ff），“变换选区”缩小后将内圈删除，如图 5-3-5 所示。

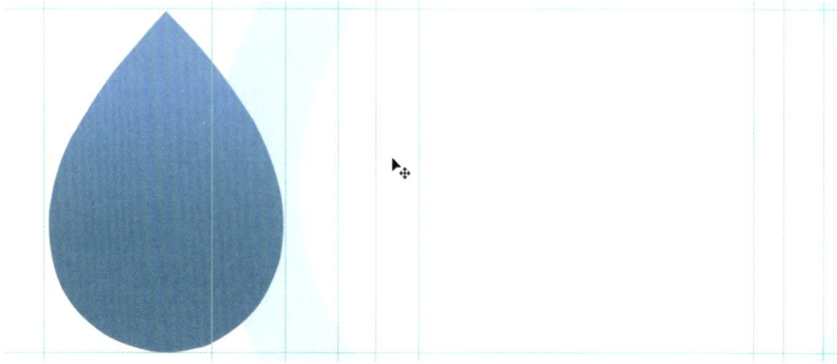

图 5-3-5　画出蓝色环

（4）利用上述方法，用“椭圆选框工具”画出圆，第二个圆用淡蓝色（#cfebff），第三个圆用浅蓝色（#bbe2ff），第四个圆用蓝色（#a9d9ff），如图 5-3-6 所示。

**想一想**

如何做出图中的圆环效果？

**小提示**

自提的快捷键是 T。

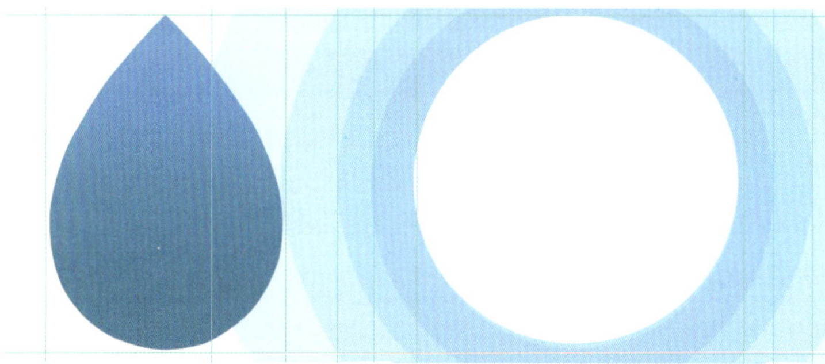

图 5-3-6　填充四个圆环

（5）用“横排文字工具”输入图上文字，把水滴按 Ctrl+J 复制一层，填充白色，缩小，输入“热销宝贝”，用“横排文字工具”输入“玻璃清洁　首选产品”，如图 5-3-7 所示。

图 5-3-7　添加文字效果

（6）用“钢笔工具”勾出矩形，用“线性渐变”填充淡蓝色到蓝色渐变，输入“点击抢购”，如图 5-3-8 所示。

图 5-3-8　钢笔工具勾出渐变条

（7）打开素材“清洁剂”放在圆圈里，按 Ctrl+T 缩小，按 Ctrl+J 复制一层，垂直旋转，降低不透明度，用“橡皮擦”擦掉一部分，如图 5-3-9 所示。

图 5-3-9　加入商品

（8）用“椭圆选框工具”画出一个正圆，用“线性渐变”填充淡蓝色到蓝色渐变，用“混合选项”—“投影”在正圆上加上淡淡的投影，输入“优惠价”，用“画笔工具”画出虚线，绿色，3 像素，间距 500 像素。用“椭圆选框工具”画出一个正圆，填充橙色，输入“￥”，黑体。最终效果如图 5-3-1 所示。

## 知识储备

1. 熟练掌握图片设计的配色原则。
2. 能够充分体现海报主体信息。

> **小提示**
>
> 渐变色调节中，分为不同方向的渐变颜色。

## 任务结语

通过简单的配色和制作，一张漂亮的海报制作完成，大家都学会了没有？

## 创业之路

### 马云语录

1. 当你成功的时候，你说的所有的话都是真理。

2. 我永远相信只要永不放弃，我们还是有机会的。今天很残酷，明天更残酷，后天很美好。

3. 一个方案是一流的idea加三流的实施；另外一个方案是一流的实施加三流的idea，哪个好？我选择一流的实施加三流的idea。

4. 我既要扔鞭炮，又要扔炸弹。扔鞭炮是为了吸引别人的注意，迷惑敌人；扔炸弹才是我真正的目的。不过，我可不会告诉你我什么时候扔鞭炮，什么时候扔炸弹。游戏就是要虚虚实实，这样才开心。如果你在游戏中感到很痛苦，那说明你的玩法选错了。

5. 那些私下忠告我们，指出我们错误的人，才是真正的朋友。

6. 我生平最高兴的，就是我答应帮助人家去做的事，自己不仅完成了，而且比他们要求的做得更好，当完成这些承诺时，那种兴奋的感觉是难以形容的。

7. 注重自己的名声，努力工作、与人为善、遵守诺言，这样对你们的事业非常有帮助。

8. 商业合作必须有三大前提：一是双方必须有可以合作的利益，二是双方必须有可以合作的意愿，三是双方必须有共享共荣的打算。此三者缺一不可。

9. 服务是全世界最贵的产品，所以最好的服务就是不需要服务。

10. 永远不要跟别人比幸运，我从来没想过我比别人幸运，我也许比他们更有毅力，在最困难的时候，他们熬不住了，我可以多熬一秒钟、两秒钟。

11. 看见10只兔子，你到底抓哪一只？有些人一会儿抓这只兔子，一会儿抓那只兔子，最后可能一只也抓不住。CEO的主要任务不是寻找机会而是对机会说“No”。机会太多，只能抓一个。我只能抓一只兔子，抓多了，什么都会丢掉。

12. 我们与竞争对手最大的区别就是我们知道他们要做什么，而他们不知道我们想做什么。

13. 中国电子商务人必须要站起来走路，而不是老是手拉手，老是手拉着手要完蛋。我是说阿里巴巴发现了金矿，那我们绝对不自己去挖，我们希望别人去挖，他挖了金矿给我一块就可以了。

14. 我深信不疑我们的模式会赚钱的，阿里巴巴是世界上最富有的宝藏。一个好的企业靠输血是活不久的，关键是自己造血。

# 任务四　网页设计

## 任务背景

小哲制作好了旅游网站的 logo，也做好了网站的店招，接下来他要开始设计网站主页面了。他在网上参考了其他旅游网站的架构，有了大概的设计思路，便开始着手制作了。

## 任务要求

根据设计方案要求设计网页，效果如图 5-4-1 所示。

图 5-4-1　旅游网页效果图

**想一想**

网页设计中要如何突出主体？

**职场箴言**

挥霍金钱是败坏物，虚度年华是败坏人。

## 任务分析

先用辅助线划分区域，然后简单制作各个区域的内容，再将文字填充进去。

## 任务实施

（1）启动 Adobe Photoshop CC，新建像素为 1 200 × 1 000 的文档。按 Ctrl+R 调出参标尺，划定登入栏、店招和导航栏区域，如图 5-4-2 所示。

**想一想**

打开标尺的快捷键是什么？

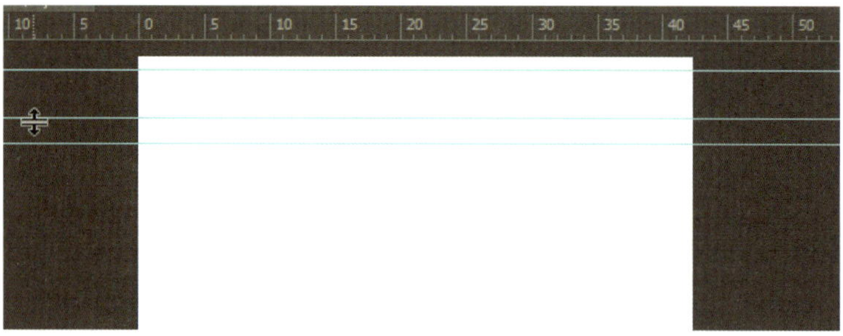

图 5-4-2　标尺划定区域辅助作图

**小提示**

矩形选框的快捷键是 M。

（2）新建图层，用“矩形选区工具”在登入栏区域画出长方形，填充淡灰色，选择“添加图层样式”中的“描边”命令，大小为 1 像素，如图 5-4-3 所示。

**职场箴言**

等时间的人，就是浪费时间的人。

图 5-4-3　矩形选框工具制作登入栏

（3）打开已经制作好的“店招”，移动至固定区域，如图 5-4-4 所示。

图 5-4-4　导入店招

（4）选择“矩形选框工具”，画出导航条，填充绿色，在导航条上左侧顶格部分画出矩形，填充深绿色，如图 5-4-5 所示。

**小提示**

颜色填充中，色标尤其重要。

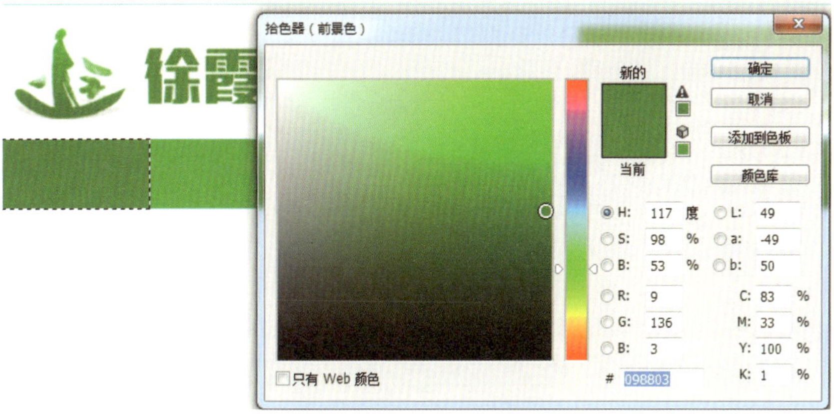


图 5-4-5　制作导航条

（5）选择“铅笔工具”，大小为 1 像素，颜色为灰色，按住 Shift 在导航条上的适当位置划线，用“橡皮擦工具”调低透明度，轻轻地擦，制作过渡效果，然后按 Ctrl+J 复制 4 个，将最后一个拖动到一定距离，选择“属性”栏里的“水平居中分布”，将图层建立组，命名为“导航条”，如图 5-4-6 所示。

**职场箴言**

清晨不起早，误一天的事；幼年不勤学，误一生的事。

图 5-4-6　制作分隔条

（6）用“辅助线”划定搜索框区域，选择“矩形选框工具”选定区域，填充白色，添加“图层样式”里的“投影”效果，距离为 1 像素，颜色为灰色，如图 5-4-7 所示。选择“描边”命令，大小为 1 像素，如图 5-4-8 所示。

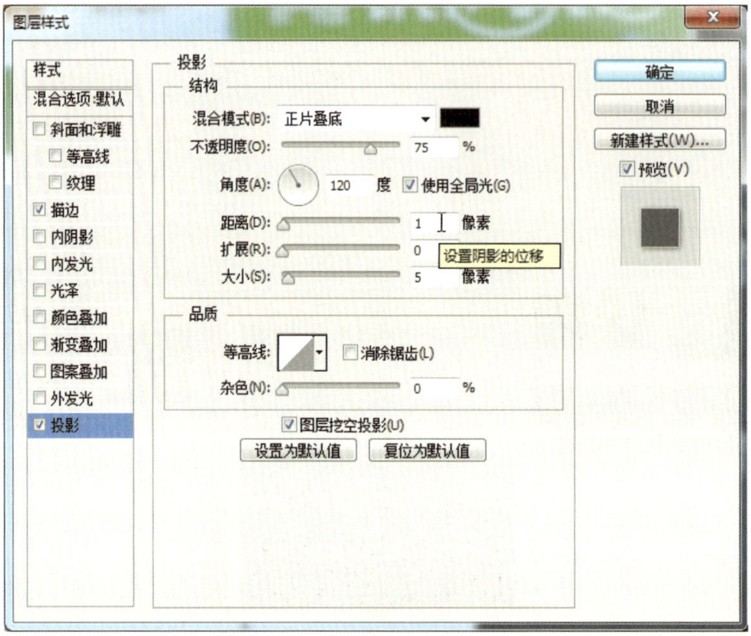


图 5-4-7 搜索框添加投影

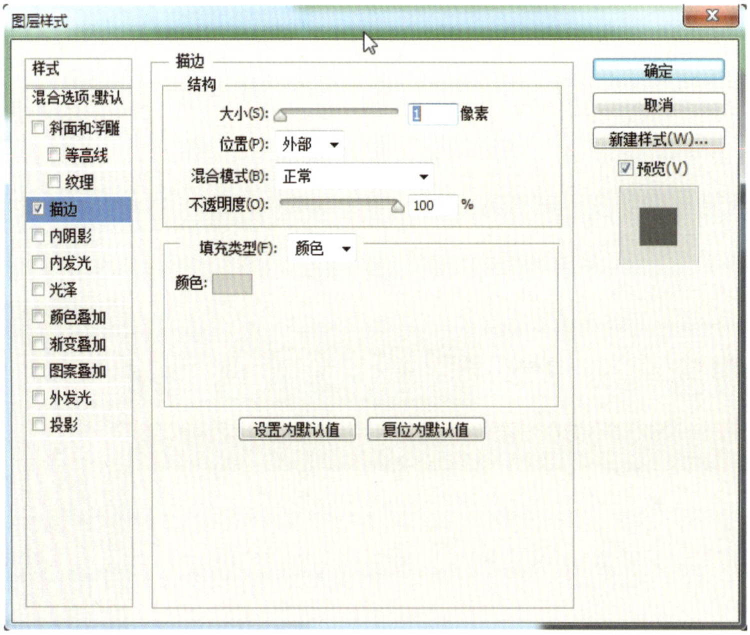


图 5-4-8 搜索框添加描边

（7）用“铅笔工具”在搜索框左侧画出分隔条，如图 5-4-9 所示。

（8）建立如图 5-4-10 所示的选区，“描边”为绿色。

**想一想**

如何快速隐藏辅助线？

图 5-4-9　搜索框添加分隔条

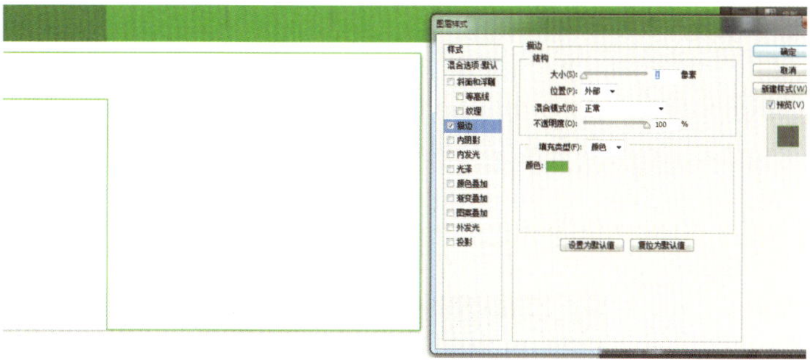

图 5-4-10　搜索框添加绿色描边

**职场箴言**

守财奴说金钱是命根，勤奋者看时间是生命。

（9）新建图层，在绿色框内合适区域用“圆角矩形工具”，“半径”为 5，建立圆角矩形选区，填充白色，点击“添加图层样式”按钮，选择“描边”属性，大小为 1 像素，再选择“内阴影”，距离为 2 像素，如图 5-4-11 所示。将做好的框向下复制 3 个，使用“垂直居中分布”排列。

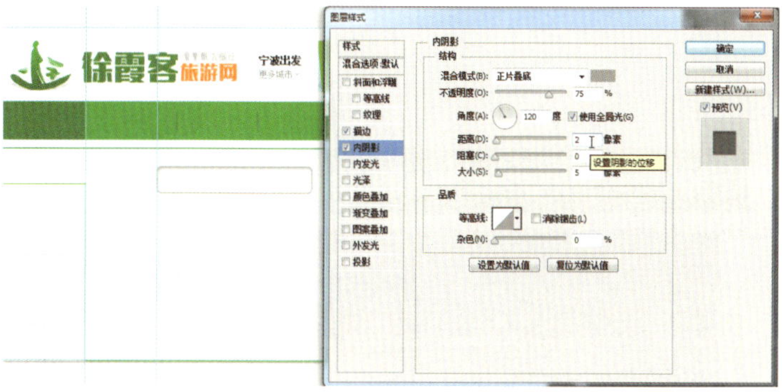

图 5-4-11　制作输入文本框

**想一想**

圆角矩形工具的快捷键是什么？

（10）用同上方式建立椭圆选区，使用“渐变工具”，填充淡绿色到绿色渐变，如图 5-4-12 所示。

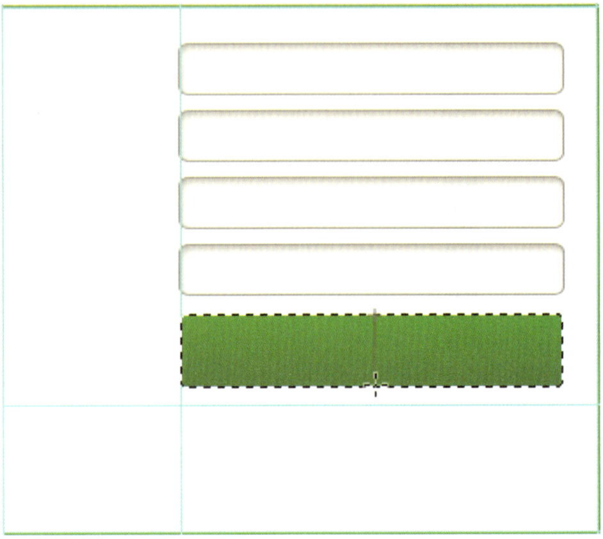

**小提示**

新建图层的快捷键是 Ctrl+Alt+Shift+N。

图 5-4-12 渐变工具制作按钮框

（11）在按钮下方用“铅笔工具”添加一条淡灰色的分割线，设置如图 5-4-13 所示。

**职场箴言**

不吃饭则饥，不读书则愚。

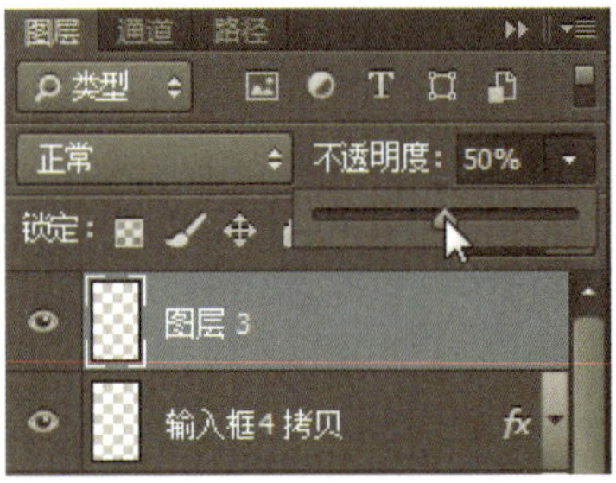


图 5-4-13 铅笔工具添加分隔线

（12）打开素材图“普吉岛”、广告 1、广告 2，移动至搜索框右侧合适位置，如图 5-4-14 所示。

**想一想**

铅笔工具的快捷键是什么？

图 5-4-14 导入素材 1

（13）添加辅助线，划定“跟团旅游”板块，选择“矩形工具”在区域内建立路径，选择“画笔工具”，淡灰色，点击“路径”面板下方的“画笔描边路径”，如图 5-4-15 所示。

图 5-4-15　画笔路径描边

**小提示**

画笔快捷键与铅笔快捷键是相同的。

（14）导入四张风景图片，变换至固定大小，将风景图层全选，进行“水平居中分布”，如图 5-4-16 所示。

图 5-4-16　导入素材 2

**职场箴言**

树不修，长不直；人不学，没知识。

（15）用“画笔工具”，按 F5 调出画笔预设面板，“圆度”调成 0，“间距”为最大，画虚线分隔线。导入素材图，调整大小，摆放至合适位置，如图 5-4-17 所示。

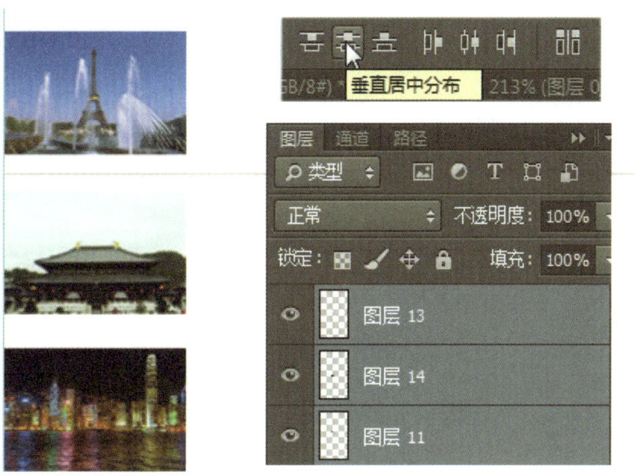


图 5-4-17　导入素材 3

**想一想**

自由变换图形的快捷键是什么？

（16）添加辅助线，划定“玩转宁海”板块，导入“宁海”文件里的所有素材图，进行合理排列对齐，如图 5-4-18 所示。

图 5-4-18　导入素材 4

**小提示**

水平居中工具能直接将两个图像进行对齐。

**职场箴言**

用珠宝打扮自己，不如用知识充实自己。

（17）用“矩形选框工具”建立“旅游线路”板块，填充白色，“添加图层样式”中的“描边”命令，“位置”为“内部”，颜色为淡灰色，导入素材图，调整大小，合理摆放对齐，如图 5-4-19 所示。

图 5-4-19　导入素材 5

（18）用“矩形选框工具”建立如图 5-4-20 所示选区，填充白色，选择“添加图层样式”里的“投影”命令，距离改为 3 像素，淡灰色。

图 5-4-20　图层样式制作立体效果

（19）将矩形选区缩小，移至合适位置，填充淡灰色，将白色图层和灰色图层进行合并，复制 3 个到另外 3 个图片，进行“水平居中分布”，如图 5-4-21 所示。

**想一想**

矩形选框的快捷键是什么？

图 5-4-21　制作立体框

（20）选择“矩形选框工具”在网页右侧空白区域建立“热门排行”板块，填充灰色，打开素材图“马尔代夫”，变换大小，移动至合适位置，如图 5-4-22 所示。

图 5-4-22　导入素材 6

**职场箴言**

不向前走，不知路远；不努力学习，不明白真理。

（21）用“铅笔”工具画一条分隔线，颜色为灰色，按 Ctrl+J 复制 9 个，将最后一条线拖至区域最下方，将所有图层全选，选择“垂直居中分布”，如图 5-4-23 所示。

（22）导入国外风景照片，进行垂直摆放，对齐，如图 5-4-24 所示。

**小提示**

矩形选框的快捷键是 Ctrl+A。

图 5-4-23 制作分隔线

图 5-4-24 导入素材 7

（23）基本框架已搭好，如图 5-4-25 所示。

**想一想**

文字工具的快捷键是什么？

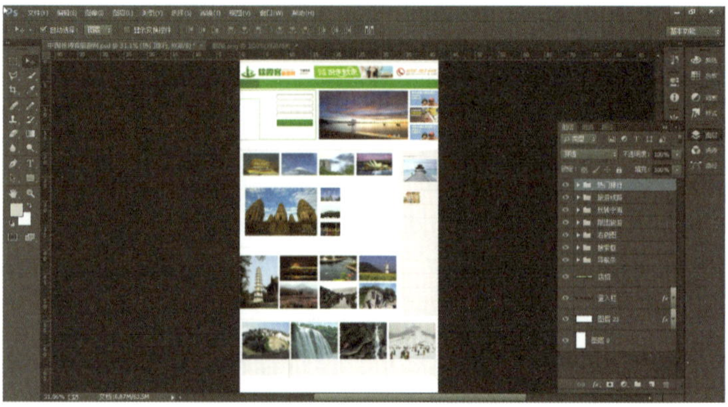

图 5-4-25 基本框架效果图

（24）添加各区域文字，先是登入栏，选择“横排文字工具”输入相应文字，用“铅笔工具”画出分隔线，如图 5-4-26 所示。

**小提示**

用铅笔工具时可按住 Shift，画出分隔线。

图 5-4-26　添加文字 1

（25）在登入栏右侧导入新浪和微信 logo，输入相应的文字，如图 5-4-27 所示。

**职场箴言**

最淡的墨水，也胜过最强的记性。

图 5-4-27　导入素材 8

**职场箴言**

日日行，不怕千万里；时时学，不怕千万卷。

（26）导航栏添加白色、黑体文字，进行“平行居中分布”，如图 5-4-28 所示。

图 5-4-28　添加文字 2

**小提示**

使用多边形套索可以更好地画出图形。

（27）导入素材图标，将“飞机”填充成绿色，其他图标填充灰色，移动至搜索框左侧，添加相应文字，进行“垂直居中分布”，如图 5-4-29 所示。

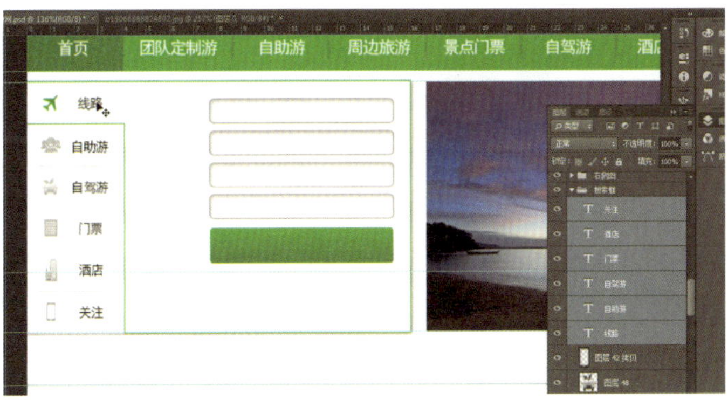


图 5-4-29　导入素材 9

（28）在右侧添加如图 5-4-30 所示文字，导入素材“放大镜”“日历”，移动至相应位置，用钢笔画出三角形，填充黑色，移动至相应位置。

图 5-4-30 添加文字和素材

（29）在中间滚动海报区域，用“矩形选框工具”在“普吉岛”风景图上画一个矩形选区，填充黑色，然后将“透明度”调至 70%，在上面输入相应的文字，如图 5-4-31 所示。

图 5-4-31 制作矩形选区

（30）在“跟团旅游”板块输入相应的文字，如图 5-4-32 所示。

图 5-4-32 添加文字 3

（31）用“矩形选框工具”建立矩形选区，填充黑色，“透明度”调至 70%，移动至四张风景图片底部，添加白色文字，如图 5-4-33 所示。

图 5-4-33　添加文字 4

> **职场箴言**
>
> 学习如钻探石油，钻得越深，越能找到知识的精髓。

（32）将上面的黑色透明框复制到“玩转宁海”板块的风景图底部，添加橙色的价格信息及相应文字，如图 5-4-34 所示。

> **小提示**
>
> 添加文字时，文字样式处理得好，可以为所需要的文档加分。

图 5-4-34　添加文字 5

> **职场箴言**
>
> 要得惊人艺，须下苦功夫。

（33）在“跃龙山”风景图片上建立矩形选区，填充白色，降低透明度，添加相应文字，如图 5-4-35 所示。

图 5-4-35　制作透明白底

> **想一想**
>
> 图层合并的快捷键是什么？

（34）在“旅游线路”板块添加相应文字，如图 5-4-36 所示。

**小提示**

在有很多图层的情况下，一般不会选择合并，而是建组。

图 5-4-36　添加文字 6

（35）“热门排行”板块中，在“马尔代夫”风景图左上角顶格画一个“矩形选区”，填充橙色，将其向左侧移出一点，在左下角用钢笔画一个三角形，填充更深一点的橙色，按 Ctrl+T 缩小至适当大小，如图 5-4-37 所示。

**想一想**

保存的快捷键是什么？

**职场箴言**

好高骛远的一无所得，埋头苦干的获得知识。

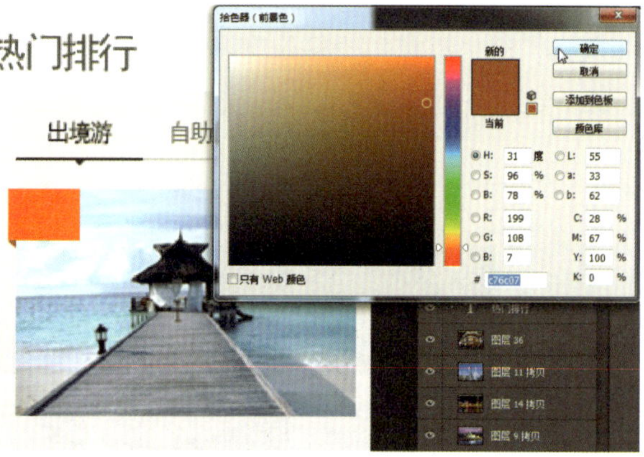


图 5-4-37　制作排名框

（36）添加序号，将上面的黑色透明框复制到图片底部，添加相应文字，如图 5-4-38 所示。

**小提示**

在保存图片格式的时候，品质应选择最佳。

图 5-4-38　添加文字 7

（37）将排名框复制到下面 9 张图片，顶格放置，添加相应文字，如图 5-4-39 所示。最终效果如图 5-4-1 所示。

图 5-4-39　添加文字 8

**职场箴言**

一回生，二回熟，三回过来当师傅。

## 知识储备

掌握建立网页框架、排版的技巧，能构建漂亮的搜索框。

## 任务结语

经过一周的工作，小哲完成了最终的网站页面，能力也得到了提升。

## 创业之路

### 创业的含义

创业是创业者对自己拥有的资源或通过努力能够拥有的资源进行优化整合，从而创造出更大经济价值或社会价值的过程。创业是一种劳动方式，是一种需要创业者运营、组织、运用服务、技术、器物作业的思考、推理和判断的行为。根据杰夫里·提蒙斯（Jeffry A.Timmons）所著的创业教育领域的经典教科书《创业创造》（*New Venture Creation*）的定义：创业是一种思考、推理结合运气的行为方式，它为运气带来的机会所驱动，需要在方法上全盘考虑并拥有和谐的领导能力。

# 参考文献

[ 1 ] 暮翊，王德忠．Photoshop CS6 调色秘笈．北京：电子工业出版社，2012．

[ 2 ] 李金明，李金荣．Photoshop 专业抠图技法．北京：人民邮电出版社，2012．

[ 3 ] PS 联盟：https://www.68ps.com.

[ 4 ] 敬伟教程：http://www.jingweipx.com/v/show/index.html.

**图书在版编目(CIP)数据**

商品美工实训 / 葛云龙，朱明主编. —北京：中国人民大学出版社，2018.9
教育部中等职业教育专业技能课立项教材. 电子商务
ISBN 978-7-300-26213-0

Ⅰ. ①商… Ⅱ. ①葛… ②朱… Ⅲ. ①电子商务-网站-设计-中等专业学校-教材
Ⅳ. ①F713.361.2 ②TP393.092

中国版本图书馆CIP数据核字（2018）第208957号

教育部中等职业教育专业技能课立项教材·电子商务

**商品美工实训**

主　编　葛云龙　朱　明

Shangpin Meigong Shixun

| | | | |
|---|---|---|---|
| **出版发行** | 中国人民大学出版社 | | |
| **社　　址** | 北京中关村大街31号 | **邮政编码** | 100080 |
| **电　　话** | 010-62511242（总编室） | | 010-62511770（质管部） |
| | 010-82501766（邮购部） | | 010-62514148（门市部） |
| | 010-62515195（发行公司） | | 010-62515275（盗版举报） |
| **网　　址** | http://www.crup.com.cn | | |
| | http://www.ttrnet.com（人大教研网） | | |
| **经　　销** | 新华书店 | | |
| **印　　刷** | 北京瑞禾彩色印刷有限公司 | | |
| **规　　格** | 185mm×260mm　16开本 | **版　　次** | 2018年9月第1版 |
| **印　　张** | 10.25 | **印　　次** | 2018年9月第1次印刷 |
| **字　　数** | 223 000 | **定　　价** | 39.00元 |